GUNTHER EMMERLICH

ZUGABE

Für meine Enkelin
Eleonora Lucia

GUNTHER EMMERLICH

ZUGABE

Anekdoten, Ansichten
und anderes

SCHWARZKOPF & SCHWARZKOPF

Inhalt

Statt eines Vorwortes 7

1. Rituale 9

2. Die Fankurve 13

3. Schauderhafte Heimat 17

4. Barkeeper 23

5. Die Amerikaner vom Bäcker Eckert und andere . . 35

6. Der Aufstieg der Gaukler 41

7. Verständliches und Missverständliches 45

8. Herzenssache 79

9. Meine Schwiegermutter 91

10. Unser Haus 99

11. Silberhochzeit 109

12. Der Wolga 115

13. Der Gegenbesuch 123

14. Vom Altwerden 127

15. PASST SCHO 131

16. DIE PFARRERTOUR 135

17. DER AUFSTAND DER UNTERDRÜCKER 145

18. ÄPFEL UND BIRNEN 149

19. DER FAHRKARTENENTWERTER 153

20. DAS VOLK UND DIE MUSIK 157

21. MORGNER SINGT NICHT MEHR 163

22. KLASSENTREFFEN 167

23. TARPENBEKSTRASSE 173

24. SPIELVERDERBER 177

25. KAROLINES GESCHICHTE 181

26. AUF DER MS EUROPA 189

27. ENGEL FLIEGEN ANDERS 199

28. ZUGABE 205

    BILDNACHWEIS 208

Statt eines Vorwortes

Meine Begrüßungsworte anlässlich
meines 65. Geburtstages

Liebe Freunde, Verwandte und Vorgesetzte!
Das eine muss das andere nicht ausschließen, aber einen befreundeten Vorgesetzten, mit dem ich obendrein auch noch verwandt gewesen wäre, hatte ich nie. Auch diese Dreifaltigkeit ist wohl ohne den Heiligen Geist kaum zu machen. Wie sagte schon der große Philosoph Wolfgang Stumpf: »Ganz scheen wird's nie.« Und so hat man eben nie alles Gute beieinander, aber dass ihr Guten heute alle beieinander seid, freut mich sehr, und ich bedanke mich, dass ihr meiner Einladung gefolgt seid.

Diese Einladung begann mit den Worten: »Ich hab's kommen sehen …!« Und dieser Satz gehört zu einem der logischsten und philosophischsten Witze, die ich kenne. Es ist ein sehr alter Witz, aber ältere Herren erzählen gelegentlich auch ältere Witze. Aus purer Rücksichtnahme lachen die Zuhörer dennoch, also enttäuscht mich nicht!

Ein Seeräuber steht auf der Brücke seines gekaperten Schiffes und schaut gen Himmel nach dem Wetter. Just in diesem Augenblick fliegt eine Möwe vorüber und scheißt unserem Seeräuber ins Auge. Daraufhin sagt er: »Ich hab's kommen sehen!«

Es ist nicht tragisch, 65 zu werden, tragisch ist es, *nicht 65* zu werden. Deshalb ist es mir gewissermaßen ein Herzensbedürfnis, Herrn Dr. Matschke zu begrüßen, dem ich es zu verdanken habe, dass der Bass noch brummt und ich darüber hinaus sogar über By(p)bässe verfüge. Somit kann er auch bezeugen, dass ich ein Herz habe, falls es diesbezüglich bei irgendjemandem Zweifel gegeben haben sollte.

Eleonora Lucia möchte ich noch begrüßen, denn sie ist erst seit sechs Wochen auf der Welt und damit meine jüngste Enkelin.

Ohne die Wichtigkeit aller anderen nur ansatzweise unterschätzen zu wollen, nenne ich jetzt keine weiteren Namen, bin euch aber allen sehr dankbar, dass ihr ein gutes Stück des Weges mit mir – bis hierher – gegangen seid.

Ich danke also nicht nur meiner Wandergruppe »Bündnis '98/DIE BLAUEN«, durch die ich aber weiß, dass eine Rast erst nach einer großen Anstrengung eine Lust ist.

In diesem Sinne wünsche ich uns heute eine angenehme Rast – und ab morgen wieder mit Lust gegen den Rost – Prost!

RITUALE

Alle Sänger helfen sich vor der Vorstellung mit den unterschiedlichsten Ritualen, um den Anforderungen des Abends gerecht zu werden. Es sind Rituale des Glaubens, des Aberglaubens und der völligen Gottlosigkeit. Der Glaube ans Ritual muss jedenfalls unerschütterlich sein. Egal was da gelutscht, getrunken und massiert wird, es hilft vor allem dem Kopf und ist somit unerlässlich.

Die unbestreitbare Tatsache, dass ein leichter Schnupfen für den Gesang förderlich ist, hat eine berühmte Sängerin zu einem außergewöhnlichen Ritual veranlasst. Bei anspruchsvollen Partien, zum Beispiel in Opern von Richard Strauss, hat sie am Morgen ein langes, kaltes Fußbad genommen. Eiswürfel haben den erkältungsfördernden Vorgang beschleunigt. Erst nach dem ersten Nieser hat sie das Prozedere beendet und sich anderweitig auf den Abend vorbereitet, Text repetiert etc. Sie war eine großartige Sängerin, sicherlich auch dank der Fußbäder und vor allem dank des festen Glaubens daran.

Sinnliche durchblutungsfördernde Maßnahmen werden sehr unterschiedlich gehandhabt. Ob nun vor oder nach der Vorstellung, oder beides, oder beides nicht, wird sehr individuell praktiziert. Während der Vorstellung gibt's kaum Gelegenheiten. Wie gesagt, der einen hilft's, dem andern

schadet's, oder umgekehrt. Vielleicht finden sich Gleich-
bedürftige, man möchte es ihnen wünschen. Nicht, dass
ich etwas gegen den Nachmittagsschlaf vor der Vorstellung
hätte, nein, nein – aber den bitte allein, nur mit einem
Kräuterbonbon, das nicht von den Finnen erfunden wurde.

Auch über diese Dinge hinaus sind dem Einfallsreichtum
keine Grenzen gesetzt. Kopfstand und Yogaübungen gehören
genauso dazu wie Spaziergänge, Freiübungen, viel Schlaf,
kalte Wickel und heiße Bäder. Gesangsübungen und Text-
wiederholungen sind das Einfallsloseste, aber dennoch am
weitesten verbreitet. Mein Gesangslehrer Prof. Hans Kremers
sagte – allerdings erst am Ende des letzten Studienjahres:
»Der beste Gesangslehrer ist der Schlaf!« Im Gegensatz zu
allen anderen Ritualen ist das wahrscheinlich das allgemein
Verbindlichste; hier sind die Geschmäcker nicht verschieden,
den braucht jeder. Selbst der teuerste Sänger ist unaus-
geschlafen keine müde Mark wert. Das heißt aber noch lange
nicht, dass jeder ausgeschlafene Sänger ein guter Sänger ist.

Der Sänger mit Schal und Kopfbedeckung scheint zwar
typisch, kommt aber nur noch selten vor. Emmerlich mit Hut
gab's nie, auch weil ich dachte, da fallen die Haare aus. Diese
Überlegungen haben mich oft frösteln lassen, die Haare sind
dennoch bedeutend weniger geworden.

Ein großes Thema mit kontroversesten Ansichten ist das
Essen am Tag der Vorstellung. Mögen es andere anders
machen, ich habe für mich entschieden: am Tag der Vorstellung oder des Konzertes gut frühstücken, kein Mittagessen und am späten Nachmittag ein Butterbrötchen mit
etwas Salz. Dazu einen doppelten Espresso. Größere Mahlzeiten machen faul und beeinträchtigen so den Singsang.

Unmittelbar vor der Vorstellung ein nicht-finnisches Bon-
bon. Ein kräftiges »toi, toi, toi« beschließt die Vorbereitungen,
auf dass der Gesang für die Zuhörer und auch für den Ver-
ursacher eine Lust werde. Dieses berühmte »toi, toi, toi« hat

nichts mit dem Teufel zu tun, sondern ist das lautmalende, glückverheißende Spucken über die linke Schulter. Es hilft noch mehr, wenn man sich dafür *nicht* bedankt. Warum? Keine Ahnung. Es ist so.

Zurück zum Butterbrötchen. Zu Hause mache ich mir ein Brötchen mit Butter, eine Prise Salz drauf, zuklappen und fertig. Unterwegs gibt es oft ungeahnte Komplikationen. In kleinen familiär geführten Hotels, die ich besonders schätze, ist dies kein Problem. Die Hausherrin geht wie Muttern in die Küche und macht es, das Butterbrötchen. Je größer das Hotel, desto unerfüllbarer scheint das Anliegen. Die diesbezüglichen Dialoge bekommen manchmal groteske Züge. Das hört sich dann zum Beispiel so an:

Ich: »Ich hätte gern ein Butterbrötchen mit einer Prise Salz und einen doppelten Espresso.«

Kellner: »Was möchten Sie für einen Belag auf das Brötchen haben?«

Ich: »Butter – und ein wenig Salz.«

Kellner: »Wir hätten da Käse, Schinken und Salami.«

Ich: »Ich hätte gern ein Butterbrötchen.«

Kellner: »Aber irgendwas werden Sie doch drauf haben wollen.«

Ich: »Ja, Butter ... und Salz.«

Kellner: »Komisch. Ich kann in der Küche ja mal fragen, ob noch Lachs da ist.«

Ich: »Ich möchte aber ein Butterbrötchen.«

Kellner: »Ist klar ... Moment bitte.«

Jetzt geht die Bedienung zu einem älteren Mitarbeiter an die Rezeption. Sie zeigt unverhohlen zu mir und macht dem Herrn gestisch deutlich, dass da einer sitzt, der offenbar nicht ganz dicht ist. Der Mann beschwichtigt den Kellner mit dämpfender Geste. (Mir war so, als habe er gesagt: »Der ist Künstler, die sind generell nicht ganz normal und haben manchmal auch extravagante Wünsche!«) Dann greift er zum

Telefon. Die Art, wie er da steht und den Hörer hält, lässt vermuten, dass er mit der Chefetage spricht. Anschließend unterrichtet er den Kellner beflissentlich vom Ergebnis der Beratung auf höchster Ebene. Dieser nimmt den Beschluss des hohen Rates untertänigst zur Kenntnis und kommt an meinen Tisch wie jemand, der ein unlösbares Problem gelöst hat. Er atmet tief durch und sagt: »Ihr Butterbrötchen haben wir zwar nicht im Angebot, aber ausnahmsweise wird die Küche angewiesen, für sie eins anzurichten.«

Ich: »Es tut mir leid, dass ich Ihnen solche Schwierigkeiten bereite.«

Kellner: »Na ja, das machen wir schon mal, weil Sie's sind.«

(Wer ich bin, weiß er erst seit einer Minute.)

Nach weiteren fünfzehn Minuten kommt er mit einem Teller, auf den mühelos zwanzig Butterbrötchen passen würden. Die zwei halben Brötchen sind viel zu dünn mit Butter bestrichen, dafür wurde am Salz nicht gespart. Das Ganze wird umrahmt von halbierten Partytomaten, die von der ganz kleinen Sorte. Der Tellerrand ist kunstvoll garniert mit gehackter Petersilie und gehacktem Schnittlauch. Ein kleines Stiefmütterchen krönt das Arrangement. Die Kalkulation, die sie in Windeseile aus dem Boden gestampft haben, nennt er mir unverblümt:

4,60 Euro für die zwei halben Brötchen im Luxusambiente
<u>+ 4,20 Euro</u> für den doppelten Espresso
= 8,80 Euro

Hätte ich doch nur ein etwas weniger extravagantes Ritual.

2

DIE FANKURVE

In einem Schlager heißt es: »Die Fans sind eine Macht, wer keine hat, gut' Nacht, und sind es auch nur sieben oder acht.«

Es ist schon ein Gottesgeschenk, über eine Gabe zu verfügen, mit der man anderen eine Freude machen kann. Die kollektive Hinwendung zu einer Fußballmannschaft, zu einem Parteivorsitzenden oder zu einem Radfahrer ist ein Phänomen, aber auch wenn der Sänger seine Sache gut gemacht hat oder den Nerv der Leute traf (was nicht zwangsläufig ein und dasselbe sein muss), bleiben Fans nicht aus. Wohl dem, der welche hat.

Es gibt Berufe, die man unter Ausschluss der Öffentlichkeit ausüben muss. Der Beruf des Sängers gehört nicht dazu. Leere Säle sind nur akustisch günstig. Bei der Gelegenheit ein herzliches Dankeschön all jenen, die durch ihre Anwesenheit zwar immer wieder die Akustik beeinträchtigen, aber ansonsten dem erfreulichen Theaterabend sehr dienlich sind. Sie gaben immer ihr Bestes. Wenn bei mir manchmal Wünsche offen blieben, Verzeihung, da war eben nicht mehr drin. Auch das Beste kann mitunter unzureichend sein. Ich hatte mir an manchem Montagabend von Ihnen auch mehr versprochen. Wie oft waren Sie am Samstagabend wie ausgewechselt. Wir haben eben alle das Recht auf unvollkommene Tage und Abende. Meine Hochachtung Ihnen gegenüber bleibt davon unberührt.

Meine erste eigene Fernsehsendung lief von 1987 bis 1990. Die Zuneigung, die diese »Showkolade« des DFF mit sich brachte, war überwältigend, liebevoll und rührend zugleich. Zum Maskottchen der Sendung wurde das Schokoladenmädchen von Liotard, verkörpert durch die bezaubernde Tänzerin Nadja Puls. Allein dieses Schokoladenmädchen habe ich in unzähligen Ausfertigungen bekommen: in Schokolade gegossen – natürlich –, mit Lebkuchenteig gebacken, in Holz geschnitzt, kunstvoll mit Bast gebastelt, gestickt, geklöppelt und auf Porzellan gemalt. Die Phantasie war grenzenlos. Diese Sendung fand jeweils in einem anderen Theater statt und ein Ehepaar schrieb mir, dass sie die »Showkolade« vorm Fernseher im Abendkleid bzw. Smoking ansehen, eben als Theatervorstellung genießen würden. Man bekommt so erfreulich viel zurück, wenn man anderen eine Freude machen kann.

Aber auch liebenswert durcheinander können Fans sein. Eine ältere Dame machte einmal einen Knicks, nachdem sie ein Autogramm bekommen hatte, und sagte dabei: »Sie sind doch mein Fan...« Als ich dann fragte: »Und, wie sieht's umgekehrt aus?«, schaute sie mich listig an und sagte: »Immer 'nen Schalk auf'n Lippen...« Und wir hatten beide was zu lachen.

Zwei Herren sahen mich im Abstand von 50 Metern und waren unterschiedlicher Meinung, ob ich's nun bin oder nicht. Der mit der richtigen Vermutung ging siegesgewiss auf mich zu und fragte forsch: »Sind Sie manchmal Gunther Emmerlich oder nicht?« Ich sagte: »Nicht nur manchmal...« Seinem immer noch 50 Meter entfernten Verwandten oder Bekannten zeigte er triumphierend den Siegesdaumen und mir machte er allerlei Komplimente, die kaum ein Künstler ungern hört. Seine nicht enden wollende Lobeshymne sollte mit einer überaus schmeichelhaften Bemerkung über meine

Stimme ihr vorläufiges Ende finden. Es wurde auch Zeit, denn allzu viel Lob verdirbt den Charakter. Er sagte: »... und Ihre Stimme – die ist ja indiskutabel ...« Was auch immer er sagen wollte, selbst Loben will gelernt sein.

Eine Frau stand am Bühneneingang des Theaters. Als ich darauf zuging, stellte sie sich mir in den Weg und fragte, indem sie ihre Hände fest in die gut gepolsterten Hüften stützte: »Na, erinnern Sie sich?!« Ich wusste beim besten Willen nicht, woran ich mich erinnern sollte. »Na, nun denken Sie doch mal 'n bisschen nach!« Ich sagte: »Tut mir leid, Sie müssen mir helfen.« »Also Herr Emmerlich, es ist gerade mal acht Jahre und drei Monate her, da hab ich Sie schon mal hier abgepasst. Hier ist der Beweis.« Sie holte ein Foto aus ihrer Handtasche, auf dem wir beide vor dem Bühneneingang und vor reichlich acht Jahren zu sehen waren. Beide jünger und schlanker. »Alles vergessen, Herr Emmerlich? Na, Ihr Gedächtnis lässt wohl auch langsam nach ...«

Ich gab vor, mich zu erinnern.

Autogrammegeben gehört zu den letztlich angenehmen Pflichten des Sängers. Wer das als lästig empfindet, sollte einfach erfolgloser seiner Arbeit nachgehen, dann ist er automatisch davon befreit. Wasch mich, aber mach mich nicht nass, ist auch hier nicht zu machen.

Für jeden Fan bin ich dankbar, auch für die, die bei Theateraufführungen oder klassischen Konzerten am Bühneneingang stehen, um ein Autogramm zu bekommen, aber an der jeweiligen Aufführung überhaupt kein Interesse zeigen. Wenn ich denen sage: »Also bis gleich!«, sagen sie unverblümt: »Nein, da gehen wir nicht rein.«

Am Geld kann's nicht liegen, denn ich habe ihnen schon oft angeboten, sie über den Bühneneingang hineinzuschleusen. Es kam kein Interesse auf.

Beim nächsten Gastspiel standen dieselben Leute wieder da und hatten fein säuberlich die Kritiken der Vorstellung, in der sie nicht waren, in ihr Autogrammbuch geklebt. Im gleichen Atemzug, als sie mir sagten, dass sie natürlich auch heute nicht in die Vorstellung gehen würden, baten sie mich, auf die Kritiken der vorigen Vorstellung, in der sie nicht gewesen waren, meinen Namen zu schreiben. Sie fragten noch nach neuen Bildern und wollten davon mindestens fünf.

Wie dem auch sei, auf der langen Geraden stehen eben auch vereinzelt Zuschauer, aber in der Kurve entscheiden sich die Rennen. Wenn da niemand steht, war das ganze Rennen umsonst.

3

SCHAUDERHAFTE HEIMAT

Der liebe Gott hatte mit uns nichts Vollendetes im Sinn. Wirklich Vollkommenes gelingt den Menschen nur in der Kunst. Wenn man bedenkt, wie viele furchtbare Töne einer Geige zu entlocken wären, und wie es großen Geigern immer wieder gelingt, diese im rechten Moment zu verhindern – einfach toll. Während der Mensch in der Kunst viel Schönes vollbringen kann, hilft die Natur sich selbst. Wenn er dort helfend eingreifen will, nennt man das bestenfalls Bundesgartenschau.

Die Heimat ist nirgendwo ein Garten Eden. Neben den Erfreulichkeiten gibt es Müll und Ruinen, nimmergrüne Bäume, schlechte Straßen, Faulheit, Dummheit und grauenvolle Menschen mit gepflegten Vorgärten und umgekehrt.

Dreizehn Jahre moderierte ich die Sendung »Zauberhafte Heimat«. Zu gern hätte ich auch mal eine Sendung »Schauderhafte Heimat« moderiert. Es war mir leider nicht vergönnt. Der Sender fand schon die Idee abartig. Stoff gab und gäbe es zur Genüge.

Es wäre einfach reizvoll gewesen, Stefanie Hertel am Dresdner Elbufer (Höhe Waldschlösschen) »Über jedes Bacherl geht a Brückerl« singen zu lassen. Sie hätte dort auch im Abendkleid singen können: »Nicht jeder Fummel passt zum Tunnel«.

Die »Kastelruther Spatzen« hätten gemeinsam mit den »Fantastischen Hartz IV« das Echo der Berge um das Echo vom Schuldenberg bereichern können.

»Üb' immer Treu und Redlichkeit« mit dem Gesangsverein der Banker und Manager und ein vielstimmiges »La Montanara« zwischen Müll-, Butter- und Aktenbergen wäre nicht direkt weltfremd gewesen.

Ein Einsamer säße vorm Fernseher und tönte in die Einsamkeit: »Durch dich hab ich mein Glück gefunden«.

Die Wildecker Herzbuben eröffneten mit Pauken und Trompeten eine Ernährungsberatung.

Ein Kinderchor sänge in einem abgestorbenen Wald: »Komm lieber Mai und mache die Bäume wieder grün«.

Und zu guter Letzt würde ich auf einer Kaffeefahrt in kurzen Hosen singen: »Jung sammer, fesch sammer«.

Als Sänger bin ich natürlich eher harmonisch orientiert, aber es gibt auch vielsagende dreckige Akkorde, die deckungsgleich in die entsprechende Landschaft passen. Harmonie ist nur die Sehnsucht, die der Wirklichkeit die Zunge herausstreckt. Oder umgekehrt. Wenn die dreckigen Akkorde nicht genügend Gehör finden, vielleicht würde die Harmonie vor dem Hintergrund der verwundeten Welt nachdenklich machen. Vielleicht. Es war ja nur so 'ne Idee.

Gnadenlose Fernsehjournalistik findet meist vor Gleichgesinnten statt. Das ist Aufklärung für Aufgeklärte. Kabarettisten und Comedians wollen die Pointe und deren Publikum will lachen. Eine gute Pointe würde auch am Grab nicht ausgelassen und die Gemeinde würde vor lauter Lachen das Weinen vergessen, bestenfalls Tränen lachen.

… aber mit schöner Harmonie aufs Hässliche verweisen … wer weiß?! Einer schönen Frau folgt man auch schon mal in einen maroden Hinterhof.

Sich aufs Zauberhafte der eigenen oder anderer Leute Heimat zu beschränken ist zwar nicht völlig aus der Luft gegriffen, aber fahrlässig positiv. Denn das Wissen vom Elend steigert die Freude am Schönen gewaltig.

Diese Suche nach dem Erfreulichen, Interessanten und Reizvollen zwischen Aachen und Zittau, auf Zypern und in Anatolien habe ich in unvergesslich guter Erinnerung. Selbstverständlich war es mir eine besondere Freude, meine beiden Heimatstädte Eisenberg/Th. und Dresden der Fernsehkundschaft vorstellen zu dürfen. Die größte Entdeckung unter den für mich unbekannten Städten war Tangermünde.

Vor tausend Jahren gegründet, war Tangermünde einst Kaiserpfalz von Karl IV. Dieser Karl mit zeitweise festem Wohnsitz in Tangermünde gründete in Prag die berühmte Universität und auch der Brücke über der Moldau haftet sein Name an. Er hat überhaupt viel Namhaftes hinterlassen.

Tangermünde an der Elbe ist bis heute mit gut erhaltener Stadtmauer und märchenhafter Altstadt ein Kleinod unter den deutschen Städten. Selbst unter den Störchen hat sich's rumgesprochen, dass man in der einladenden Elblandschaft einiges ausbrüten kann. Als wäre das nicht alles schon Augenweide genug, steht fünf Kilometer entfernt auch noch das romanische Kloster Jerichow. Es ist eine flache Landschaft und doch so erhaben.

Am Rande von Dreharbeiten in Bonn lud mich Norbert Blüm zum Frühstück ein. Er lacht gern und gibt auch selbst oft Anlass zur Heiterkeit. Es war ein fröhlicher Morgen im Blüm'schen Hause und das Frühstücksei war das größte, das ich je gegessen habe – ein Gänse-Ei –, und es schmeckte wie ein ganz normales Ei, nur etwas intensiver. Bloß, ich hätte bei Norbert Blüm eher Wachteleier vermutet.

Josef, ein Fleischermeister aus Arnstadt, wollte mir partout nicht die Zutaten für *seine* Thüringer Bratwurst verraten. Verständlich. Ich sagte, er solle dann eben sagen, was *nicht* rein kommt. Zum Beispiel Dachpappennägel, Sirup und Haferflocken. Ich gab ihm noch einige Absurditäten an die Hand, die man mit Thüringer Bratwürsten nicht im Entferntesten in Verbindung bringt. Die Aufzeichnung lief, ich erklärte, dass uns Josef sein Rezept nicht verrate, aber er wolle uns sagen, was nicht in seine Bratwurst kommt. Josef holte tief Luft, stutzte, atmete schwer und sagte: »Jetzt habe ich vergessen, was nicht reinkommt.« Wir haben die Stelle noch zwei-, dreimal gedreht, dann fiel ihm wieder ein, was nicht reinkommt.

Ich habe erlebt, wie rechtschaffene, kluge Leute vor der Kamera ihren Namen nicht mehr wussten, geschweige denn ihre Geschichte, wegen der wir sie eingeladen hatten und die sie vor Drehbeginn noch locker und flockig zu erzählen wussten. Ich habe allerdings auch erlebt, wie Leute vor der Kamera sich selbst wichtiger nahmen als die Sache, von der sie berichten sollten. Ersteres ist sympathischer und auch schneller zu reparieren. Befangenheit kann man den Leuten nehmen, Eitelkeit nicht.

Mit Erwin Geschonneck war ich im thüringischen Tabarz, wo er zig Jahre davor die gruseligsten Szenen als Holländer-Michel im DEFA-Film »Das kalte Herz« gedreht hatte. Das Gespräch im Felsental, am Fuße der Wand, an der er als Holländer-Michel die Herzen von Peter, Ezechiel und den anderen Kaltherzigen befestigt hatte, war professionell und doch warmherzig. Er las noch ein Gedicht von Heinrich Hoffmann, dem Erfinder des Struwwelpeters, der gern in Tabarz weilte, und die Dreharbeiten waren beendet.

Die Crew war im Hotel »Germania« untergebracht und auch Erwin Geschonneck, der wunderbare Schauspieler. Er war am Vortag angereist und da es früh am Nachmittag war, hätte er mühelos, wie auch geplant, zurück nach Berlin fahren können. Das Auto nebst Fahrer stand vor dem Hotel bereit. Er hatte aber schon am Abend zuvor das gemütliche Hotel, die gute thüringische Küche und wahrscheinlich auch die durchaus angenehme Atmosphäre innerhalb unseres

Teams genossen und entschied, noch eine Nacht zu bleiben. Uns war's recht, denn der alte Herr war ein interessanter, geist- und lehrreicher Gesprächspartner.

Er hat in mehreren KZs der Nazis gelitten und genoss in der DDR – zu Recht – alle Vorteile eines Verfolgten des Naziregimes auf Lebenszeit. Dass dort nicht alle Blütenträume aufgingen, hat er wohl erkannt, blieb aber trotz neuer Erkenntnisse seinen alten Überzeugungen treu. Wie dem auch sei, er war der sympathischste Kommunist, den ich je kennengelernt habe. Leute wie Geschonneck verkörperten das ursprünglich gute Gewissen einer gescheiterten Idee. Sie hätschelten diese Vertreter des guten Gewissens, hörten aber nicht auf sie. Durch Privilegien ließen sich diese einst bewundernswert Aufrechten zwar nicht korrumpieren, aber sie konnten keine Weichen stellen, denn sie standen auf einem gepflegten Abstellgleis. Das alles entnahm ich seinen Worten am Abend, der lang und kurzweilig wurde. Er war siebenundachtzig Jahre alt und hat den Zusammenbruch wohl registriert, wenn auch nicht freudig zur Kenntnis genommen. »Dieser Gesellschaftsentwurf hätte doch irgendwo auf der Welt zwischen Kuba und Nordkorea nur ansatzweise von Erfolg gekrönt sein müssen, wenn irgendwer mit berechtigter Hoffnung dran festhalten wolle«, sagte ich. Er lächelte mich verständnisvoll und um Verständnis bittend an und erwiderte gütig-trotzig: »Es ist für mich zu spät zum Umdenken.« Was sollte man einem Siebenundachtzigjährigen in diesem Moment entgegnen? Wobei, vielleicht hätte es sich doch gelohnt – er ist hundertundein Jahr alt geworden.

Er blieb noch drei Tage, ohne sich oder jemand anderen zu fragen, wer die Übernachtungskosten bezahlt. Als er mitbekam, dass das ein Problem war, sagte er: »Na, das werde ich doch dem DFF wert sein.« Den DFF gab es da schon seit drei Jahren nicht mehr.

Es hat ja schon einer viel zu erzählen, wenn er *eine* Reise tut. Bei mir waren es 96, wie man auf der Karte im Bildteil sehen kann, die ich von der Redaktion geschenkt bekam. Geschichtlich, geografisch und kulturell habe ich durch die Sendung »Zauberhafte Heimat« viel dazugelernt. Ich kenn mich aus, rundherum und in fast jedem Winkel. In Reit im Winkl zum Beispiel – zauberhaft. Es gibt auch schauderhafte Ecken – aber, das Zauberhafte überwiegt.

4

BARKEEPER

Offiziell hieß der Eisenberger Jahnsaal: Kultur- und Sportstätte Friedrich Ludwig Jahn. Auf dem Sportplatz daneben habe ich mich während der Schulzeit vergeblich bemüht, die 1000 Meter unter drei Minuten zu laufen. Wenn ich mich bei Sportfesten zwischenzeitlich in der Spitzengruppe befand und der Stadionsprecher nannte meinen Namen, bekam ich weiche Knie und fiel zurück. Am Ende wieder vierter Platz in drei Minuten und drei Sekunden.

Ab wann meine Knie der Nennung meines Namens standhielten, weiß ich nicht mehr. Auf jeden Fall war es nach der erfolglosen Karriere als Mittelstreckler. Als Jürgen May Mitte der sechziger Jahre auf dem Erfurter Nordplatz einen neuen 1000-Meter-Weltrekord in 2,16 Minuten-irgendwas lief, war ich allerdings noch dabei – als Zuschauer. Mein Interesse an Zeiten und Weiten war und ist geblieben. Des Sängers Parameter sind aber Höhen und Tiefen, sowohl stimmlich als auch karrierös.

Mit Freund Hugo saß ich mal im Ostseebad Ahrenshoop in der Kneipe am Bodden und wir kamen mit einem Urlauber ins Gespräch.

Es stellte sich heraus, dass wir da mit einem Leistungssportler sprachen. Er war Leichtathlet und auf die Frage, welches seine Spezialdisziplin sei, sagte er: »Ich laufe 800

Meter.« Hugo fragte: »Wohin?« Wortkarger kann man den Leistungssport wohl nicht in Frage stellen.

Im Jahnsaal fanden allerlei Sportveranstaltungen, Konzerte und Tanzabende mit regional angesagten oder weniger angesagten Kapellen statt. Gut besucht war alles, wenn aber »Schwarz-Gelb« aus Pößneck oder das Orchester Hebestreit aus Wetterzeube spielten, war die Hütte brechend voll. Sie spielten die Titel, die wir aus der Schlagerparade im RIAS oder aus dem AFN kannten.

Rock'n'Roll, Sex und Alkohol waren die Charakteristika des Klassenfeindes, also völlig untypisch für den »neuen« sozialistischen Menschen. Die Anziehungskraft dieser unerwünschten Phänomene steigerte sich dadurch ins Unermessliche. Mit Nato-Plane, Jeans und Nylonhemden wurde auch äußerlich angezeigt, dass man mit dem sozialistischen Einheitsstaat nicht viel an dessen Lederolhut hatte. Die Mädchen der Fachschule für Heilgymnastik gefielen sich und uns als Mischung zwischen Uschi Obermaier und Uschi Glas. Das Wohlgefühl der Unangepassten verschafft noch in der Erinnerung gute Gedanken an gar nicht so gute Zeiten.

Neulich habe ich am Kiosk gegenüber dem Eisenberger Rudolf-Elle-Krankenhaus eine Thüringer Bratwurst gegessen. Dort schmeckt sie besonders gut. Ein älterer Herr stand am Kiosk und trank eine Büchse Bier, vielleicht war es auch schon die dritte. Er sagte:»Na, wie 'en Emma, wie hamm' mer 'sn?« Ich war noch glücklicher als er, dass mir sein früherer Spitzname auch einfiel. Es war A., ein fröhlicher Weggefährte aus längst vergangenen Jugendjahren. A. konnte den Twist mit nach hinten gebeugtem Oberkörper so extrem tanzen, dass seine langen schwarzen Haare das schäbige Parkett des Jahnsaals berührten. Nachdem ich ihm gesagt hatte, dass es mir gut gehe, hoffte ich Ähnliches von ihm zu hören.

Er aber schwärmte von den Zeiten, da er der Obertwister von Eisenberg war. Mit leuchtenden Augen erzählte er die

Geschichte, als im Jahnsaal beim Wochenendschwoof das Bier schon um halb neun alle war. Der findige A. ist damals zum Schwarzen Adler gegangen und hat drei Kästen zum Jahnsaal geschleppt. »Die ham mir de Flaschn zu Hechstpreisen aus 'n Händn geruppt.« Sagte er strahlend und fügte weniger strahlend hinzu: »Das war'n Zeiten, heite is' doch nischt mehr luus.« Sprach's und öffnete die zweite – oder vierte – Büchse.

Ich konnte mich an diese Situation erinnern, denn ich war damals Barkeeper im Jahnsaal, eine Wochenendbeschäftigung während meiner Weimarer Studienzeit. Zunächst zum Zwecke des Gelderwerbs, wurde es aber auch mehr und mehr amüsant und lehrreich.

Willy, der Wirt des Eisenberger Jahnsaals, hatte einen eisernen Wahlspruch: »Sekt muss' de saufen, da bleibs' de gesund.« Davon hat er reichlich Gebrauch gemacht. Und so konnte es schon mal passieren, dass er andere Dinge etwas schleifen ließ und das Bier um halb neun ausging. Sekt war immer vorrätig.

Willy hatte den Gang eines Seefahrers und seine Reling war die Bar. In immer kleiner werdenden Abständen erzählte er, dass er früher mal der »Hengst von Gohlis« genannt wurde, wohl auch um deutlich zu machen, dass es vor dem Sekt noch andere Dinge gab. Aber auch da war er mal führend – vor vierzig Jahren –, in Leipzig-Gohlis –, Anfang der dreißiger Jahre des vorigen Jahrhunderts. Der Pinsel der Erinnerung malt gülden, bei jedem Motiv.

Die Bar im Jahnsaal war zwischen den Toiletten. Links das Damenklo, rechts das der Herren. In der Mitte die Bar. Die Toiletten hatten fließend Wasser, die Bar hatte stehendes Wasser in einer Plastikschüssel. Wenn dort, wo die Bar stand, die Klofrau mit ihrem Eimerchen, Läppchen und Tellerchen gesessen hätte – das Bild wäre passender gewesen. So aber gab es zwischen diesen beiden Bedürfnisanstalten:

Kaffee Edel = 0,75 MDN
Mokka Edel = 0,85 MDN
(Willy schrieb: Mocka Edel)
Urahn = 0,67 MDN
ägyptischer Weinbrand = 1,60 MDN
(Willy kürzte ab und schrieb: äkipt. Weinbrand)
Lafitte = 1,22 MDN
Weinbrandauslese = 1,22 MDN
verschiedene Liköre = 0,65 MDN
Nikolaschka (mit Weinbrandverschnitt) = 0,85 MDN
(Willy schrieb: Niggolaschga)
Sekt = 2,50 MDN
Sekt mit Früchten = 2,50 MDN

Pralinen, die wir nicht im Angebot hatten, die es aber bei Willy in der Gaststätte gab, schrieb Willy so: Bralienen.

Der dezente Geruch von links und rechts hat dem Alkoholkonsum keinen Abbruch getan. Der Umsatz war enorm, bis zu 3000 MDN an guten Abenden. Mit dem Trinkgeld konnte ich auch noch gut essen gehen, denn die Eisenberger waren großzügig. Wenn eine Tanzrunde zu Ende ging, strömten die Trinkfreudigen zur Bar und verbreiteten eine Fröhlichkeit, die im rot-grauen Alltag so nicht die Regel war. Eben noch Verfeindete tranken gemeinsam einen Versöhnungsschnaps und so mancher Ehezwist wurde bei Sekt mit Früchten beigelegt. Die sich beim Tanz eben kennengelernt hatten, tranken einen ersten verheißungsvollen Pfefferminzlikör miteinander. Der Handwerker schmiss eine große Runde, wohl auch um deutlich zu machen, dass seine Geschäfte gut gehen. Viele dachten, da woll'n wir doch dem armen Studenten auch mal einen ausgeben. An manchen Abenden dachten das bis zu dreißig. Der freundliche Trinker, der für sich und mich einen Weinbrandverschnitt bestellte, sagte cool: »Zwee Harde.« Es war bisweilen harte Arbeit, auch über diesen Kalauer hinaus.

Bei der Arbeit verkraftet man allerdings unglaubliche Mengen Alkohol. Die Abrechnung hab ich immer noch sauber hingekriegt, aber wenn die Anspannung nachließ, schüttelte das Durcheinander der Spirituosen auch im Kopf einiges durcheinander. Die frische Luft brachte es beim Heimweg in der späten Nacht gnadenlos an den Tag. Ich lief in der Mitte der Straße wie ein Lkw, dem gerade zwei Reifen gleichzeitig geplatzt waren. Das moderne Wort von der Nachhaltigkeit hatte bei diesen 40-prozentigen Getränken eine 100-prozentige Entsprechung.

Mittlerweile weiß ich, dass das Leben zu kurz ist, um billigen Schnaps zu trinken. Willy, der Jahnsaalwirt, hatte schon recht: »Sekt muss' de saufen, da bleibs' de gesund.« Bloß eben weniger als Willy, der Sektierer und vormalige »Hengst von Gohlis«.

Weimarer Freunde und auch deren Freundinnen waren hilfreiche und gern gesehene Mitarbeiter hinter der Bar. Dass eine Bar nicht die Heimstatt für unerschütterliche Treue ist, war schon lange meine Vermutung, im Jahnsaal bekam ich diesbezügliche Gewissheit. Die Freundin eines Weimarer Freundes war plötzlich die Freundin eines Eisenberger Freundes. Wenn die Frau des Handwerksmeisters mit dem Gesellen einen Nikolaschka trank und ihm dabei tief in die Augen sah, ist dies dem Meister vielleicht entgangen, aber der Lehrling wurde eifersüchtig. Ehemänner, Gesellen und Lehrlinge kann man vielleicht betrügen, aber dem Barkeeper entgeht nichts. Das Amouröse war für den Betrachter amüsant, für die Beteiligten manchmal auch dramatisch. Die Entwicklung bis hin zum dramatischen Höhepunkt konnte ich hinter der Bar mit den Toiletten hüben und drüben verfolgen, wie vergleichbare Theaterszenen aus der Fürstenloge. Das waren auch interessante Anregungen für meine spätere Arbeit. Für manche Regisseure war mein diesbezügliches szenisches Angebot, genährt durch die Eisenberger Erfahrung, dann doch zu realistisch. Eifersuchtsszenen und Schlägereien sehen auf der Opernbühne eben anders aus als weiland bei Willy im Jahnsaal.

Einmal, ich war schon bei der Abrechnung und zählte den Rest der Schokoladenbecher, in denen der Eierlikör verkauft wurde. Diese Schokolade, aus der die Becher für den Eierlikör herstellt wurden, war die beste Schokolade, die es damals gab. Ich weiß nicht warum. Eishockey gab's ja irgendwann auch nur noch, weil Erich Mielke Eishockeyfan war. Zwei Mannschaften. Dynamo Berlin und Dynamo Weißwasser. Vielleicht gab es einflussreiche Funktionäre, die gern Eierlikör in Bechern aus guter Schokolade tranken. Es können auch Funktionärinnen gewesen sein. Wer weiß?!

Jedenfalls zählte ich diese Becher und aß dabei auch das eine oder andere Becherchen – ohne Eierlikör, versteht sich. Ich mag keinen süßen Eierlikör, aber bittere Schokolade. In der immer offenen Tür zwischen dem Saal und der Bar stand eine schöne junge Frau. Sie wartete auf eine Freundin oder auf ihren Freund – dachte ich und rechnete ab. Es war zwei Uhr morgens und ich war mit der 175er Java da. Nachdem die letzten Gäste den Jahnsaal verlassen hatten, stellte sich heraus, dass sie auf niemanden wartete. Sie fragte, ob ich ihr den Eierlikör ins Glas einschenken würde, damit die Abrechnung stimme. Außerdem möge sie keine bittere Schokolade, sagte sie. Den sehr kurzen Minirock konnte sie sich leisten, dennoch wäre ein bisschen mehr geheimnisvolle Vermutung noch erfreulicher gewesen als diese eindeutige Gewissheit. Der Unterschied zwischen Blusen und Busen ist schon phonetisch unerheblich. Jedenfalls war sie aus Dederon – die Bluse.

Ich goss ihr den Eierlikör in eins der kleinen dicken Gläser, aus denen sonst »die Harden« getrunken wurden. Da sie dieses so appetitlich ausleckte, goss ich ihr gern nach.

Aus erklärbaren Gründen hatten sich in die Abrechnung einige Fehler eingeschlichen. Es war die Nacht von Sonnabend auf Sonntag. Am Sonntag war »Tanztee«, nachmittags 16 Uhr. Ich sagte Willy, dass ich ihm die Abrechnung am Sonntag mitbringen würde. Willy war's recht, denn er wollte zu Bett. Ich hatte Ähnliches im Sinn.

Es war Winter und die waren damals noch kalt – zu kalt –, auch für die 175er Java. Irgendwann sprang sie dann doch an und sie hinten drauf. Über der Dederonbluse hatte sie nun einen dicken, derben Wintermantel und so spürte ich in der Mitte meines Rückens die großen Knöpfe des Paletots. Mein Bett stand bei meiner Schwester in Eisenberg und ihrs bei den Eltern in Hermsdorf. One-Night-Stand ist oft leichter gesagt als getan. Den Ausdruck gab es damals noch gar nicht, die Sache selbst schon. Ich fuhr sie nach Hermsdorf. Ihr Vater sei streng, sagte sie und nahm mich bei der Hand – in der anderen hatte sie ihre Schuhe. Auf meinen Dederonsocken folgte ich ihr in den zweiten Stock. Die Holztreppe war ihr bis ins Kleinste vertraut und so vermieden wir die knarrenden Stufen und gelangten ungehört vor die Wohnungstür. Während sie den Schlüssel ins Schloss steckte, sah sie mich verheißungsvoll an.

Der strenge Vater hatte aber seinerseits von innen einen Schlüssel stecken lassen, mit dem er just in diesem Augenblick die Tür öffnete.

Diese schwebend knisternde Spannung, die vom unvermittelten Anfang über uns lag, wurde aus allen Wolken gerissen und entlud sich als väterlicher Blitz zwischen Tür und Angel. Dass ich körperlich unversehrt blieb, war nur dem Umstand zu verdanken, dass der Blitz ein Kugelblitz von circa 1,63 Meter war. Das weiße gerippte Unterhemd, das er trug, wurde durch die Tiefe seines Körpers einer permanenten Zerreißprobe unterzogen. Ihn selbst hatte es schon zerrissen. Er platzte vor Wut. Dieser kleinwüchsige Komtur zog seine Tochter über die Schwelle und warf mir einen Blick zu wie Mike Tyson, bevor er seinem Gegner ins Ohr biss. Die

Tür fiel ins Schloss und ich aus allen Wolken. Das Leben verursacht jähe Wendungen. Beim Abstieg vom zweiten Stock benutzte ich auch arglos die Stufen, die knarrten. Die Java war noch warm und sprang sofort an. Mir war kalt.

Zum Tanztee am Sonntag kam sie nicht; wie sich später herausstellte, hatte sie Stubenarrest. Vierzehn Tage später stand sie an der Bar. Schokobecher waren noch vorrätig, aber der Eierlikör war alle. Sekt gab es wie immer reichlich. Sie wollte Sekt mit Früchten und erzählte vom Stubenarrest, vom strengen Vater und der schweigsam duldenden Mutter, vom Lehrerbildungsinstitut in Crossen und von der FDJ-Arbeit. Es wurde mehr geredet als beim ersten Mal, aber weniger empfunden. Spät am Abend fuhr ich sie wieder nach Hermsdorf, setzte sie dort ab und düste weiter nach Weimar. Wir trafen uns noch zwei-, dreimal, aber die sachlichen, pädagogisch abgefederten Gespräche – weitestgehend humorfrei – nahmen dieser Bindung den Wind aus den Segeln, noch ehe man hätte in See stechen können. Die schmerzlosesten Scheidungen finden vor der Hochzeit statt.

Anfang November 1967 wurde auch im Eisenberger Jahnsaal der 50. Jahrestag der Großen Sozialistischen Oktoberrevolution gefeiert. Es war eine geschlossene Protokollveranstaltung und auch die Bar blieb geschlossen. Willy teilte mich als Kellner für den großen Tisch mit der kommunalen sozialistischen Obrigkeit ein. Steif war nicht nur meine weiße Kellnerjacke. Die Reden waren langweilig wie gewöhnlich, so dass man hätte denken können, die Oktoberrevolution vor fünfzig Jahren wäre verloren worden. Das unvermeidliche »Kalinka« erwies sich als Muntermacher.

Die Genossen der SED-Kreisleitung und des Rates des Kreises Eisenberg waren mit ihren Ehepartnern gekommen. Das sogenannte »Regiment von nebenan« – eine Kompanie der zeitweilig in der DDR stationierten Truppen der Roten Armee – gab der Veranstaltung sowjetisches Flair. Ein Abteilungsleiter der SED-Bezirksleitung verlas eine Grußadresse des Genossen Herbert Ziegenhahn, Erster Sekretär der SED-Bezirksleitung Gera. Auch die sowjetischen Offiziere hatten ihre Gattinnen dabei – ihre Rubensfiguren waren umhüllt von Brokat, Rosenöl und Knoblauch. Die Tische waren eingedeckt mit den üblichen unknusprigen Salzstangen, Wodka und Weinbrandflaschen. Winkelemente steckten in Blumentöpfen mit Alpenveilchen. Ein Strauß mit fünfzig roten Rosen hat die Konversation zwischen dem Kommandanten des »Regiments von nebenan« und dem Zweiten Sekretär der SED-Kreisleitung erheblich beeinträchtigt. Die Handtaschen der Gattinnen waren zu groß, einige sahen aus wie russische Lackmalerei auf Kunststoff. Die Atmosphäre war wie die Reden. Das Lebendigste waren die Salzstangen, die bogen sich zusehends.

Nach der Soljanka gab es Steak au four und zum Nachtisch gemischtes Eis mit gemischten Büchsenfrüchten. Der Eierlikör im Schokobecher krönte das Menü. Zwischen Eierlikör und Wodka, vorm gemütlichen Teil des Abends, sprachen ein paar Jungpioniere das Oktober-Poem von Majakowski und sangen »Kleine weiße Friedenstaube«. Der uniformierte Männerchor der Roten Armee im Hintergrund rundete das Bild ab. Danach wurde getrunken und zu den Klängen des sowjetischen Militärorchesters gutbürgerlich getanzt. Der Zweite Sekretär war offenbar ein ganz guter Witzeerzähler. Dies und der Wodka sorgten dafür, dass doch noch ein lautes deutsch-sowjetisches Freundschaftslachen aufkam.

Gegen Ende dieses Abends zu Ehren des 50. Jahrestages der Oktoberrevolution – das Militärorchester spielte schon »Auf Wiedersehen« – bemerkte ich, dass die Flasche mit dem Weinbrand Edel neben der Frau des Zweiten Sekretärs der SED-Kreisleitung und hinter der Vase mit den fünfzig roten Rosen noch zu einem ganzen Drittel voll war. Für einen Studenten ein gefundenes Fressen bzw. Trinken. Da das Essen und Trinken für diesen Abend vom Arbeiter-und-Bauern-Staat gesponsert wurde, gab es kein Trinkgeld. In mir keimte die Hoffnung, dass ich die angebrochene Flasche abräumen und mit nach Weimar nehmen könne. Plötzlich sah ich, wie die Gattin des Zweiten Sekretärs im Schutze der Vase mit den fünfzig roten Rosen zu Ehren der Großen Sozialistischen Oktoberrevolution besagte Flasche in ihrer Handtasche mit der imitierten russischen Lackmalerei verschwinden ließ. Ihrem Mann, der schon vorausgegangen war, hat sie beim Hinausgehen von der ruhmreichen Tat berichtet. Sein beifälliges Nicken hatte nicht die Spur von Missbilligung. Sie pfiff die Melodie von »Moskauer Nächte« und man verließ die Kultur- und Sportstätte Friedrich Ludwig Jahn.

Die Fußballspieler von Stahl Eisenberg besuchten die Sportstätte Friedrich Ludwig Jahn nicht aus sportlichen Gründen. Der Sportplatz neben dem Jahnsaal war nicht der Eisenberger Fußballplatz, aber die Bar war der Stammplatz einiger Fußballspieler. Ein längerer Baraufenthalt am Sonnabend war allerdings nicht die optimale Vorbereitung für das Punktspiel am Sonntagmorgen. Nachdem schon dreimal die letzte Runde Kaffee Edel getrunken worden war, bestellte der Eisenberger Mittelstürmer gegen drei Uhr früh die allerletzte Runde. Willy, der Wirt, hatte schon mehrfach, aber ohne jeglichen Nachdruck, die längst vergangene Polizeistunde erwähnt und wenig fordernd die Gäste zum Gehen ermahnt, während ich ihm sein Sektglas nachfüllte. Willy trank Sekt, die Fußballer Kaffee Edel und ich einen Nikolaschka. Mit der Scheibe Zitrone, dem Zucker und der Prise Kaffee obendrauf schien der mir um diese Zeit der rechte Muntermacher zu sein. Der Mittelstürmer nannte das alles Schlüpferstürmer und wir wünschten ihm ein gutes Ergebnis beim morgigen Punktspiel gegen Fortschritt Weida.

Nach dem sonntäglichen Mittagessen bei meiner Schwester – sie ist eine vorzügliche Köchin und hat einen großen Anteil daran, dass ich schon in früher Jugend mein Idealgewicht verlor – schien mir ein Spaziergang durch meine kleine Stadt der rechte Zeitvertreib. Vor dem Gambrinus, der Kneipe der Handballer, traf ich den Mittelstürmer der Fußballmannschaft von Stahl Eisenberg, der da sagte, er habe großen Durst… Noch ehe wir den Gambrinus betraten und Manner, der Wirt, der keinen Sekt trank und trotzdem gesund war, uns zwei frisch gezapfte Biere reichte, fragte ich nach dem Ergebnis des Spiels gegen Fortschritt Weida. Der Stürmer sprach wie ein Verteidiger: »Eens null ham mer gefiehrt…!« »Und wie ging's aus?«, wollte ich wissen. »Eens sechse verlurn.« Und zu Manner sagte er: »Mach e ma zwee Kaffee Edel – duppelde.«

Ein andermal bin ich nach der speziellen »Vorbereitung« unserer Fußballer an der Bar im Jahnsaal am nächsten Morgen zum Punktspiel ins Schortental gegangen. Ein herrlicher Spaziergang bis weit vor die Tore der Stadt. Im Wald um den Sportplatz wachsen im Frühjahr Maiglöckchen wie Tulpen um Amsterdam. Blumen für zahlreiche Siegerehrungen, die so zahlreich nun wieder nicht waren, deshalb blieben die Blumen im Wald und die Punkte beim Gegner.

Eigentlich hat Eisenberg über die Jahre nicht viel schlechter gespielt als die Deutsche Nationalmannschaft, nur Eisenberg hat eben öfter – nicht gewonnen. Diesen Satz schrieb ich unmittelbar nach dem Halbfinalspiel zur EM 2008 gegen die Türkei. Die Deutschen haben angefangen wie ein Holzvergaser, der es ganz schwer hatte, in die Gänge zu kommen. Später lief es besser, aber es blieb ein Holzvergaser. Nur, Deutschland gewinnt auch an solchen Tagen und Eisenberg verliert, nicht nur an solchen Tagen. Jedenfalls lief das Spiel im Schortental schon, als ich ankam. Es war kurz nach zehn und die Spieler von Stahl Eisenberg brannten vor Ehrgeiz, auch die Verbrennung des Kaffee Edel war noch in vollem Gange. Da gab es einen weiten Abschlag des gegnerischen Torhüters, den der Eisenberger Mittelstürmer unversehens von hinten auf den Kopf bekam. Kopfball konnte man das nicht nennen, denn die Initiative ging vom Ball aus. Ein herzzerreißendes »Aua!« hallte über den Platz, dass man denken konnte, da hätte sich einer das Schienbein gebrochen. Der Barkeeper vom Jahnsaal wusste es besser. Willy, der andere Mitwisser, schlief um diese Zeit noch.

Den Jahnsaal, diesen Ort der unterschiedlichsten Erinnerungen, gibt es nicht mehr. Er wurde Anfang der neunziger Jahre abgerissen und auch auf dem danebenliegenden Sportplatz entstanden Eigentumswohnungen. Obwohl das Gebäude marode und wenig kulturvoll war, überkommt mich Melancholie, wenn ich beim Schwarzen Adler um die Ecke biege und er steht nicht mehr da. Der Jahnsaal.

5

DIE AMERIKANER VOM
BÄCKER ECKERT UND ANDERE

Am 21. Juli 1969 lag ich spätnachts allein und dennoch
munter und erwartungsfroh in meinem Bett in der
Weimarer Washingtonstraße 47. Es war schon früher Morgen, als Neil Armstrong seinen Fuß auf den Mond setzte.
Währenddessen schenkte ich mir zum achten Kaffee einen
zweiten Weinbrandverschnitt ein und trank auf das Wohl
meiner Generation, die dabei sein durfte, als Armstrong den
berühmten Satz sagte: »Das ist ein kleiner Schritt für den
Menschen, ein riesiger Sprung für die Menschheit.«

Der Westempfang in Weimar war gut, aber der Fernseh-
apparat »Dürer« aus dritter Hand war schlecht und so habe
ich die ohnehin weniger gestochen scharfen Bilder vom Mond
mehr schemenhaft geahnt, denn konturenreich gesehen. Ich
habe sie dennoch in klarer Erinnerung und obwohl ich nichts
zum Gelingen dieses Unternehmens beigetragen habe, war
ich ein wenig stolz. Auch war ich gespannt, wie man an der
Hochschule und in den DDR-Medien mit dieser Meldung
umgehen würde.

Die gesellschaftspolitischen Fächer bzw. deren Verkünder
folgerten, ohne freilich das Ereignis als solches gebührend
zu würdigen, dass die imperialistische Bedrohung nun noch
größer sei. Die Verteidigung des Friedens, notfalls mit der

Waffe in der Hand, wäre jetzt auch unser – der Musiker – vordringlichster Klassenauftrag.

Wenige Jahre davor sind wir, die Insassen des Lehrlingswohnheims des VEB Bau-Union Gera/Jena, zu einer Laienkabarettveranstaltung geschickt worden. Einer der kurzen Sketche spielte auf dem Mond. Amerikanische Astronauten in Offiziersuniformen landeten gerade mit grimmigen Gesichtern auf dem Erdsatelliten. Sie unterhielten sich, wo künftig die Raketenabschussbasen gegen das sozialistische Lager installiert werden sollten. Just in dem Augenblick, als die gesamte beleuchtete Mondseite (man glaubte sich ja nicht hinterm Mond) in solche Basen eingeteilt war, trat ein sowjetischer Soldat aus dem Schatten eines Mondkraterkranzes hervor und sagte mit fester Stimme, in der auch ein bisschen »ätsche bätsche« mitklang: »Da kommen Sie zu spät, hier hat der Genosse N.S. Chruschtschow schon Felder für den Maisanbau vorgesehen!« Das war die ideologische Pointe, bei der natürlich keiner lachte, aber der unverbrüchliche Glaube an die Unbezwingbarkeit der sozialistischen Sache war verkündet. Wie auf dem Mond, so auch auf Erden.

Am Tag der Mondlandung arbeitete ein Kommilitone von mir als Sprecher bei Radio DDR Sender Weimar. Er erzählte, dass die Mondlandung der Amerikaner im letzten Drittel der Nachrichten versteckt werden sollte. Sie haben gewürfelt und so wurde das bedeutende Ereignis als dreizehnte Meldung verlesen.

Die vom Laienkabarett prognostizierten Maisfelder wären auch ausgeblieben, wenn die Russen diesen Wettlauf gewonnen hätten. Die klimatischen Voraussetzungen für die sogenannte »Wurst am Stängel« sind dort oben einfach nicht günstig. Das Ende des Sozialismus ist auch nicht von amerikanischen Raketenbasen auf dem Mond herbeigeführt worden.

Die Feindschaft gegenüber den Amerikanern stand bei mir von vornherein auf wackligen Füßen. In meiner Kindheit erzählte man mir, dass uns in Thüringen die Amerikaner befreit hätten. Erst später kamen die Russen und haben uns besetzt. So sprachen sie selbstverständlich nicht in der Schule, aber zu Hause und bei vertrauten Bekannten.

Die interessantesten Amerikaner meiner Kindheit lagen jedoch beim Bäcker Eckert im Schaufenster. Sie kosteten 20 Pfennig und hatten einen verführerischen Zuckerguss.

Später gab es noch James W. Pulley. Ein Amerikaner, der in der DDR sein künstlerisches Zuhause gefunden hatte. So 'ne Art Harry Belafonte für Ostgeld. Er wechselte im Kalten Krieg die Fronten und bereicherte unser musikalisches Angebot mit heißer schwarzer Stimme.

Später kam Dean Reed, der rote Rocker, hinzu, der sich unsere schönste Schauspielerin – Renate Blume – nahm. Ob er uns auch etwas gab – da bin ich nicht so sicher. Aber immerhin vermittelte er uns das Gefühl, dass sich nach James W. Pulley ein zweiter Amerikaner für die DDR interessierte. Er war ein gutaussehender, charismatischer, aber nicht mit übergroßem Talent gesegneter Schauspieler und Sänger. Er war weder von Amerika geschickt, noch war er ein besonders geschickter Amerikaner. Er vermittelte von diesem großen und zu Teilen auch großartigen Land eine weniger als unvollkommene Vorstellung. Er ließ sich von der DDR instrumentalisieren und er instrumentalisierte die DDR. Wenn seine Popularität sank, fuhr er in die USA, eckte dort wissentlich an und kam für drei Tage ins Gefängnis. Sofort war er auf der Titelseite des »Neuen Deutschland« und dieses Blatt vermittelte uns den Eindruck, als müssten und könnten wir *unseren* Amerikaner freikämpfen. Nach drei Tagen kam er frei, kehrte zurück in seine Wahlheimat – und der in den USA nicht zur Kenntnis genommene »Bagatellfall« geriet in der DDR zum Meilenstein im Kampf um die Befreiung der Menschheit vom Joch des Imperialismus. Seine Kritikfähigkeit hat er ausnahmslos an Amerika bewiesen. Die DDR blieb davon unversehrt.

Sein tragisches Ende im Stile des bayerischen Märchen-
königs Ludwigs II. hat sogar Tom Hanks beschäftigt. Wie
man hört, trägt er sich mit dem Gedanken, einen Spielfilm
über das Leben von Dean Reed zu drehen.

Die Musik des 20. Jahrhunderts, der Sport und vieles
darüber hinaus sind undenkbar ohne amerikanische Einflüsse. Hitler hat die Siege von Jesse Owens bei der Olympiade
1936 in Berlin mürrisch zur Kenntnis genommen. Die DDR-
Oberen haben jedweden sportlichen Erfolg der Amerikaner
ebenso argwöhnisch und mürrisch registriert. Beide haben
alle – auch nicht zur Verfügung stehenden – Mittel genutzt,
um diese Erfolge einzudämmen. 1936 und 1976 hat es die
jeweilige Diktatur geschafft. Nazideutschland war 1936 die
erfolgreichste Nation und 1976 hatte die DDR mehr Gold-
medaillen als die USA.

In den frühen neunziger Jahren lernte ich nach den Amerikanern vom Bäcker Eckert, J.W. Pully und Dean Reed die
Amerikaner in Amerika kennen. Ich hatte zwei Konzerte
in Ohio, in Columbus und in Cleveland. Das erste Konzert
in Columbus begann ich in Anlehnung an die Worte Neil
Armstrongs beim »First Moonwalk«: »Dass ich heute hier
singe, ist für die Menschheit ein kleiner Schritt, für mich ein
großer.«

Die Amerikaner sind nicht gerade berühmt für ihre Kennt-
nis europäischer Geschichte, aber diese Bemerkung wurde
mit verstehendem Beifall quittiert. Dort und besonders im
September 2008, als ich die große Ehre hatte, in der New
Yorker Carnegie Hall zu singen, war ich mir des besonderen
Moments bewusst und habe ihn singend genossen. In völliger
Selbstüberschätzung dachte ich sogar: Fünfhundert Jahre nach
Kolumbus habe auch ich Amerika entdeckt. Ein vielfarbiges
Land, nicht nur was die Menschen anbelangt. New York ist
faszinierend, dennoch hat mein hochgeschätzter Pianist, der
in Nordhausen geboren wurde und in Freiberg/Sachsen lebt,

angesichts des Times Square gesagt: »Ich finde das ziemlich entbehrlich.«

San Francisco habe ich ins Herz geschlossen. Man hat den Eindruck, dass alle Volksstämme, die sich auf der Welt bekriegen, in S.F. ein Lokal haben. Nebeneinander. Alle internationalen, nationalen, regionalen und lokalen Streitigkeiten spielen in diesen Lokalen überhaupt keine Rolle. Es wird gut gegessen und getrunken, laut gesprochen und noch lauter gesungen. Gemeinsam. Sympathisch friedlich. Man möchte sagen: »Na also, geht doch…«

6

Der Aufstieg der Gaukler

Schon das Kleinkind sucht Bestätigung bei der Mutter. Und wenn es die bekommt, ist es glücklich, juchzt und strahlt. Anerkennung ist wie Essen und Trinken ein menschliches Grundbedürfnis. Danach zu streben hat nichts Verwerfliches. Im Künstlerberuf, zumal als Sänger, braucht man sie nicht nur, sondern man legt es permanent darauf an. In keinem anderen Beruf wird man so prompt und direkt damit belohnt. Außer bei Misserfolg, aber der geschieht ja nicht vorsätzlich.

Der Forscher forscht oft jahrelang, ehe die Arbeit von Erfolg gekrönt ist. Wenn er sich dann – vielleicht – einstellt, gratulieren eine Handvoll Mitarbeiter und er findet Erwähnung in einem Fachblatt. Das war's dann wieder – für Jahre. Manchmal für immer.

Es gibt diesbezüglich bevorzugte und benachteiligte Berufe. Der Kellner bekommt nicht nur Trinkgeld, er wird auch noch fürs Essen gelobt, das er nicht gekocht hat. Beim Probieren des guten Weines nicken wir ihm wohlwollend zu, als hätte er weiland im Weinberg geschuftet. Die Köche und Winzer erfahren wenigstens indirekt von den Lobhudeleien der Gäste.

Es gibt aber Berufe ohne jedwedes verbales Lob, ohne Trinkgeld, geschweige denn Applaus. Es sind die meisten Berufe. Ich kenne nicht die Porzellanmalerin in Meißen, die meine schönen Teller bemalt hat. Die Chance, den italienischen Sattlermeister kennenzulernen, der unsere bequeme Sitzecke gefertigt hat, ist noch geringer. Ich werde nie erfahren, wem der Rotbarsch von heute Mittag ins Netz ging. Ich kenne einige Sozialpädagogen. Dringend nötige Arbeit, aufopferndes Engagement, geringe Erfolgsaussichten, dürftiger Lohn, kein Applaus.

Wie privilegiert sind dagegen Schauspieler, Moderatoren und Sänger. Sind sie erfolgreich, sind sie die Hätschelkinder der Nation. Sie sind die bevorzugten Gäste schon im Morgen- und dann im Mittagsmagazin. Die weniger begabten tummeln sich am Nachmittag in unzähligen Daily Talks und Soaps und am Abend sitzen sie alle zusammen in Talkshows, Quiz- und anderen Unterhaltungssendungen.

Alles, was sich im Mittelalter auf Marktplätzen und Vorstadtwiesen herumtrieb, in der letzten Kaschemme den billigsten Wein trinken musste und sich die drittklassige Herberge *nicht* leisten konnte, ist heute die Crème de la Crème, die Spitze der Gesellschaft. Sie schmücken sich nicht mit Politikern und Geistesgrößen, sondern *die* schmücken sich mit *ihnen*. Die Gagen sind zum Teil atemberaubend und doch hält keiner die Luft an.

Neid und Missgunst kann man mir nicht vorwerfen, denn ich gehöre gelegentlich selbst zur verhätschelten Kaste, die zum Teil verwundert, aber ebenso widerstandslos all diese Vorteile über sich ergehen lässt. Wer möchte es den so Gebauchpinselten verübeln?! Ein Phänomen ist es allemal.

Wann gelang es den Gauklern, sich derartig nach oben zu mogeln? Freilich hatten früher Hofmusiker, Hofschauspieler und Hofnarren gewisse Privilegien – bei Hofe. Aber ihre Kollegen vom Hinterhof gehörten zum letzten Stand. Die Gagen waren Almosen und die gesellschaftliche Anerkennung ging nicht über den Applaus hinaus. Blieb der aus, gab es nicht mal Almosen. Vorschusslorbeeren gab es nicht

– und dass Lorbeerkränze danach ausblieben, ist uns sogar sprichwörtlich überliefert.

Mit dem Ende der meisten Monarchien und der damit einhergehenden Entmachtung des Adels kamen die Gaukler aus der Versenkung – füllten die erhabene Lücke. Ihr medialer Aufstieg ging so rasant vor sich, dass sich Adelshäuser und Komödianten nunmehr in den Gazetten auf Augenhöhe gegenüberstehen. Was den politischen Einfluss anbelangt, haben die ehemaligen Fahrensleute die einst Mächtigen längst hinter sich gelassen. Wenn einer der Nachkommen des letzten deutschen Kaisers eine Wahlempfehlung verkünden würde, sie verhallte ungehört in der Schwäbischen Alb. Wenn aber ein Großteil der Schauspielprominenz eine(n) bestimmte(n) Präsidentschaftskandidaten(in) unterstützt, kann das wahlentscheidend sein.

Selbst das Dynastische ist vom Adel auf die Komödianten übergegangen. Manche Familien residieren auf der Bühne, im Film und im Fernsehen schon in der dritten oder gar vierten Generation. Und – diese Dynastien müssen keine Oktober-, November- oder sonst irgendwelche Revolutionen befürchten.

Lola Montez hat Ende des 19. Jahrhunderts an europäischen Fürstenhöfen mit ihrer Kunst begeistert und auch nach der Vorstellung eine gute Figur gemacht. Auch Heinrich LXXII. (der Zweiundsiebzigste) von Schleiz-Greiz-Lobenstein, also Reuß' jüngere Linie, war bis über beide adelige Ohren in sie verliebt. Sie hat ihn wohl auch erhört. Bei einem fürstlichen Essen auf Schloss Burgk sagte er in großer Runde und dennoch ganz innig zu ihr: »Lola, du meine Einzige.« Darauf sie: »Heinrich, du mein Zweiundsiebzigster.«

Künstlerische Neigungen waren bei Fürsten und Königen nicht selten. Nero hat gedichtet und gesungen (wie auch immer), Heinrich IV. hat komponiert (sicher auch gesungen). Der alte Fritz hat komponiert und beachtlich Flöte gespielt (wenigstens hat er nicht gesungen). Georg II. von Sachsen-

Meiningen malte Bühnenbilder und heiratete eine Schauspielerin. Der Fürst von Monaco ehelichte die schöne Grace Kelly.

Aber auch Schauspieler wurden im richtigen Leben Gouverneure und Präsidenten. Könige nicht.

Dass Schauspieler gelegentlich Könige, Zaren, Präsidenten und Kanzler spielen, ist ihr Job und ganz bestimmt eine interessante Herausforderung. Während die schauspielerische Begabung in der Ausübung dieser Ämter hilfreich sein kann, ist die Reduzierung aufs Schauspielerische dem Amt nicht zuträglich. Für diesen Fall müsste der Weg vom Präsidenten zum Schauspieler geebnet werden, selbst auf die Gefahr, dass wir dann einen miserablen Schauspieler mehr hätten.

Bei Stadtfesten kann man sich bisweilen auch heute noch an mittelalterlichen Märkten erfreuen. Zum unverzichtbaren Zubehör des bunten Treibens gehören Musikanten, Bänkel- und Moritatensänger, Schausteller und Schauspieler. Mit Leier, Flöte, Dudelsack und einer schönen alten Sprache versetzen sie uns in die Zeit der Altvorderen. Spielen sie vor Kirchen, im Schatten alter Bäume oder in einem mittelalterlichen Stadtkern, funktioniert dieses Bild wie eine Zeitmaschine. Dieses Bild macht mir fantasiereich und demutsvoll deutlich, wo wir eigentlich herkommen. Wir Gaukler.

7

Verständliches und Missverständliches

Haariges

Der Vater des altehrwürdigen Dresdner Kammersängers Fred Teschler war ebenfalls Sänger. Er war Mitglied des Staatsopernchores und hieß Fritz Teschler. Der Sohn wird der Stolz des Vaters, wenn er ihn überflügelt. Das kennen wir spätestens seit Karl dem Großen, dessen Vater bekanntlich Pippin der Kleine war.

Fritz konnte zu Recht stolz auf Fred sein, denn dieser war über viele Jahre der Sarastro, der Falstaff, der Osmin und Phillipp II. von Dresden. Seriös vom Scheitel über die Stimme bis zur Sohle.

Als ich Fred kennenlernte, war sein Scheitel schon mächtig in die Breite gegangen. Das seitlich noch vorhandene Haupthaar legte er kunstvoll über die große freie Stelle in des Kopfes Mitte zusammen. Der flüchtige Blick ließ prächtiges volles Haar vermuten. Bei genauerem Hinsehen wurde deutlich, dass das Haar in der Mitte seinen Ursprung an der Seite und hinten hatte. Damit dieses seinem Verwendungszweck zugeführt werden konnte, ließ es Fred auf die für Seitenhaare stattliche Länge von 15 bis 20 Zentimeter wachsen. Da gerade langes Haar der Erdanziehung extrem ausgeliefert ist, wird er morgens lange gebraucht haben, um dem entgegenzuwirken. Was Potjomkin einst mit Dörfern gelang, gelang auch Fred blendend mit seinem Haupthaar.

So auch an dem Tag, da er uns das erste Mal besuchte. Wir setzten uns ins Arbeitszimmer, tranken Kaffee und sprachen übers Theater. Übers Theater können Theaterleute stundenlang reden. Karoline, unsere damals fünfjährige Tochter, konnte mit diesen Gesprächen nicht viel anfangen, interessierte sich aber zusehends für Freds Frisur. Sie stand hinter seinem Stuhl und studierte, von ihm unbemerkt, den ungewöhnlichen Verlauf seiner Haare. Sich daraus ergebende Fragen stellte sie Gott sei Dank erst, nachdem sich Fred verabschiedet hatte. Ich erklärte ihr die kunstvollen Überlegungen und praktischen Handhabungen des vermeintlich flächendeckenden Haarschopfes meines verehrten Kollegen. Sie hielt dabei ihre beiden Zöpfe fest in der Hand und schien sich ernsthaft Gedanken zu machen. Ich erklärte ihr, dass der altersbedingte Haarausfall vorwiegend männlicher Natur sei. Erst jetzt ließ sie ihre Zöpfe wieder los.

Nach vierzehn Tagen – Fred hatte sie in dieser Zeit weder zu Gesicht bekommen, noch war von ihm die Rede gewesen – tobte ein mächtiges Unwetter über Dresden. Sturm und Regen spielten mit den Büschen und Bäumen, dass es nur hinter fest verschlossenen Fenstern eine Freude war, diesem Spiel zuzuschauen. Karoline stand am Fenster neben mir und sagte: »Heut ist kein schönes Wetter für Fred Teschler.«

Fritz hat Fred mehr Stimme vererbt, als er selbst hatte. Bei den Haaren hat's nicht so gut geklappt.

Seriosität und Zuverlässigkeit gehörten zu den Stärken von Fritz und Fred. Und doch hat Fritz unentschuldigt mal eine Vorstellung verpasst. Die mit Fritz befreundete Leiterin des künstlerischen Betriebsbüros rief eines Tages bei ihm zu Hause an. Sie sprachen über alles Mögliche, aber der Hauptgrund des Anrufes war eigentlich eine Vorstellungsänderung.

Das hätte sie fast vergessen, sagte aber kurz bevor sie auflegte: »Übrigens, morgen ist ›Freischütz‹, das hätte ich jetzt fast vergessen.«

Bei dieser Vorstellung fehlte Fritz. Er hatte verstanden: Morgen ist frei, Fritz.

SPITZNAMEN

Ob das Straußenei oder der Vogel Strauß zuerst da waren, darüber brüten Wissenschaftler schon seit Generationen. Fest steht dagegen, dass die Spitznamen lange vor den Vor- und Zunamen gebräuchlich waren. Lange bevor die Vorfahren der heutigen Herren Vogel, Strauß und Huhn Vogel, Strauß und Huhn hießen, haben äußerliche oder verhaltensmäßige Merkmale den Vergleich mit dem entsprechenden Federvieh herbeigeführt und sind so spitznamentlich dem späteren Nachnamen vorausgeeilt. Verniedlichungen und Vergröberungen von Namen kamen später. Ob nun Alexander der Große »Alex« oder »Sascha« genannt wurde, Karl der Große »Karli« oder »Karlchen«, ist nicht überliefert. Friedrich den Großen nennt man jedenfalls heute noch den »Alten Fritz«.

Adenauer war bloß »Der Alte«. Und den kleinsten meiner Klassenkameraden nannten wir »Erbse«. Ulbrichts Spitzname war »Spitzbart« und einen Musiker der Sächsischen Staatskapelle nennen sie »Zehn vor zwei«. Er hat den Gang der Tänzer, bei denen die Fußstellung aussieht wie die Zeiger einer Uhr, wenn es zehn vor zwei ist.

Spitznamen sind am sympathischsten, wenn sie witzig den Menschen oder die mit ihm verbundene Sache auf den Punkt bringen. Jazzer werden damit sogar direkt oder durch künstlerische Vergleiche geadelt. Zum Beispiel »Duke« Ellington oder der Dresdner Percussionist Günther »Baby« Sommer. »Baby« kam bei Letzterem durch einen Vergleich mit Baby

Dodds hinzu, dem genialen Schlagzeuger, der mit Louis Armstrong in New Orleans bei den Hot Seven spielte. Ein musikalischer Ritterschlag für Günther.

Der Unsympath bekommt einen besonders spitzen Namen, zum Beispiel »Spitzbart«. Von vornherein abgerundet dagegen ist der Kosename. Einfallsreich und spitzfindig ist man dort wie kaum anderswo. Ein guter Freund von mir nennt seine schwer übergewichtige Frau »Mäusebeinchen«. In guten Momenten nennt mich meine Frau »Guntherle«. Sie ist klein und schlank. Dass ich auch in weniger guten Momenten »Ännchen« zu ihr sage, ist logischer. Dass aber die ehemalige Nachbarin ihren Mann »Tarzan« nennt, entbehrt jeglicher Grundlage. Er hat nicht mal meine Figur, geschweige denn Tarzans. Dieser »Tarzan« war eine ebenso namentliche Fehlbesetzung wie »Mäusebeinchen«. Doch sie sagte es gern, und er hörte es noch viel lieber. Als sie bei einem mittleren Ehestreit in ihrem Vorgarten schimpfte: »Darzan, du bringst mich uff de Balme!«, konterte »Tarzan« cool: »Liane, hier gibt's nur Babbeln!«

Freund »Donde« lernte ich kennen, als alle in Weimar schon »Donde« zu ihm sagten. Auch Spitznamen haben ihr Verfallsdatum und so fragte ich nach Jahrzehnten Freund »Donde«, wie er eigentlich mit richtigem Vornamen heißt. Siegfried, sagte er und so sage ich seither zu »Donde« Siegfried. »Donde« hatte ich damals einfach nachgeplappert, ohne zu wissen, was es mit diesem Spitznamen auf sich hat. Siegfried lebt als Architekt in Erfurt und so sehen wir uns übers Jahr höchst selten. Beim Urlaub im Thüringer Wald besucht er uns regelmäßig. Er ist sehr belesen und es macht auch große Freude, mit ihm durch den Wald zu gehen. Er kennt alle Pilze und Kräuter mit Namen, sowohl die landläufigen als auch die lateinischen. Nachdem er mir sagte, dass der Scharfe Hahnenfuß, den ich gerade noch als solchen erkannte, lateinisch »Ranunculus acris« heiße und »Potentilla recta« das Aufrechte Fingerkraut sei, wollte ich von ihm wissen, wie er damals in Weimar eigentlich zu seinem Spitznamen »Donde« kam. Er sagte: »Ich heiße Siegfried Donde – Donde ist mein Familienname.« Obwohl wir uns vierzig Jahre kannten, hatte sein Nachname nie eine Rolle gespielt. Eigentlich doch, aber eben als Spitzname.

In der Grundschule wurde ein Klassenausflug mit den Fahrrädern nach Ziegenrück im Thüringer Wald organisiert. Der Lehrer Krinke beauftragte mich, Kontakt mit der dortigen Jugendherberge aufzunehmen, um unser Kommen anzudrohen. Ich rief dort an, erwischte aber nur den Stellvertreter vom Stellvertreter, der mir sagte, ich solle ihm doch einfach meine Adresse sagen und dann bekäme ich Nachricht. Nach wenigen Tagen flatterte eine Postkarte ins Haus, auf der die Bestätigung und folgende Adresse stand:

An
Frau Emma Lich
Eisenberg/TH
Werner-Seelenbinder-Straße 20

Das Amüsement über dieses Missverständnis – wobei eine Miss dafür Verständnis gehabt hätte – war so groß, dass ich diese Karte sofort meinen Klassenkameraden zeigte. Das war nicht sehr weitsichtig. Seither nannten sie mich Emma. Lich nich.

Emmerlich ist übrigens die Ableitung von »Emmerling« und das heißt im Mittelhochdeutschen »Singender Pirol«. Obwohl ich eigentlich mehr zum Albatros tendiere, bin ich mit diesem Namen ganz zufrieden. Es gibt noch einen keltischen Ursprung meines Namens: »Emme-lic«. Das heißt »die großartige Frau«. Was bei mir völlig abwegig wäre, bei meiner Frau aber zuträfe.

VERPASSTER KARRIERESTART

In Thüringen öffneten die ersten Kindergärten der Welt ihre Pforten. Eins der schönen Signale, die von Deutschland ausgingen. Diese segensreiche Einrichtung heißt seither in Russland, in den USA und anderswo – Kindergarten. Friedrich Fröbel sei Dank.

Nicht nur ein Fröbel-Denkmal erinnert an den kreativen Pädagogen. Im idyllisch gelegenen Kindergarten von Bad Liebenstein war ich mit einem Fernsehteam. Das Wetter war schön und so konnte ich mich mit der Leiterin und den Kindern im Garten unterhalten. Ein fünfjähriges Mädchen sollte nach einem verabredeten Zeichen zu uns kommen und eins der Kinderlieder von Friedrich Fröbel singen. Das Zeichen kam und die Kleine lief auf uns beide schüchtern und überhaupt nicht sangesfreudig zu. Ohne hörbares Ergebnis sahen wir sie erwartungsvoll an. Mit einem nicht sehr einfallsreichen »Drei …, vier …« wollte ich das Eis brechen und vielleicht sogar den Beginn einer Gesangskarriere einläuten. Zumindest wollte ich damit erreichen, dass sie mit dem Fröbel-Lied beginnen solle. Nach meinem »Drei …, vier …« schaute sie jedoch noch hilfloser drein und sagte: »Ich kann doch nur eins …«

HUGO BEI FAMILIE SOWIESO

Als Freund Hugo noch wechselnde Damenbekanntschaften ohne weitreichende gemeinsame Zukunftsplanungen hatte, entschied er sich oft kurzfristig, im Sommerurlaub für ein paar Tage in Ahrenshoop Quartier zu beziehen. Solche Schnellschüsse waren trotz gereifter örtlicher Beziehungen schwer ins Ziel zu bringen. Dieses für Ahrenshoop luxuriöse Problem ist dort über die Jahre, trotz ansonsten grundlegender Veränderungen, nicht kleiner geworden. Unser Urlaub wird mit den Wirtsleuten auch heute noch ein Jahr im Voraus grob abgesteckt und im zeitigen Frühjahr unverrückbar festgeschrieben. Danach gibt es dann keinen Spielraum mehr für irgendwelche Eventualitäten. Die Südsee ist nicht so überlaufen wie die Ostsee.

Wenn spontane Begehrlichkeiten diesbezüglich dennoch zum Ziele führen sollen, hat die Sache meist einen Haken: Bei weniger sympathischen Wirtsleuten ist eher etwas frei als bei umgänglichen.

Hugo hatte auf der einen Seite Glück, dass er für ein paar Tage mit Freundin und Freunden an der Ostsee sein konnte, auf der anderen Seite waren die Gastgeber nicht gerade gastfreundlich.

Die Straßenschuhe mussten sie noch vor dem Haus, unter einer kleinen Überdachung am Eingang, ausziehen. Der Vermieter erwartete, dass man dann unhörbar die Holztreppe hochging. Im kargen Zimmer ohne Radio und Fernseher waren nur leise Unterhaltungen erlaubt. Andere, nicht völlig geräuschlos zu praktizierende Tätigkeiten hatten energisches Wandklopfen zur Folge. Besuche waren generell verboten und die zufälligen Begegnungen mit den Wirtsleuten im Haus machten den Feriengästen deutlich, dass sie den Anforderungen ihrer Vermieter in keinster Weise genügten. Hugo kommentierte die Situation mit den Worten: »Wir kämpfen um den Titel ›Erträglichster Gast der Saison‹, liegen dabei aber nicht sehr aussichtsreich im Rennen.« Aufgrund seiner katholischen Erziehung hat Hugo die Lage gemeistert und *wir* haben ihm den Titel verliehen – die Wirtsleute nicht. Einmal jedoch wurde selbst seine Geduld auf eine harte Probe gestellt:

Wie in den siebziger und frühen achtziger Jahren üblich, hatte auch Hugo einen Kassettenrekorder im Reisegepäck. Zu den Kassetten, die er dabeihatte, gehörte eine mit Liedern von Franz Schubert, gesungen von Dietrich Fischer-Dieskau.

Solche Aufnahmen waren für uns besonders wertvoll, weil sie ja oft auf die abenteuerlichste Weise nach Ostdeutschland und in unsere Hände gelangt sind. Es war die wertvollste Kassette, die Hugo besaß. Da er schon aus dem Alter raus war, in dem man den Kassettenrekorder immer mit sich trug, verblieb dieser tagsüber im tristen vorpommerschen Zimmer. Eines späten Abends – er kam mit seiner Lebensabschnittsgefährtin ins ungastliche Zuhause – wollte er noch ein paar leise Töne von Dietrich Fischer-Dieskau hören. Er schaltete den Rekorder an und hörte auf dem Band statt des gepflegten Baritons die Stimme der despotischen Wirtin, die zu ihrem Mann sagt: »Mach das Ding aus, sonst denken die, wir spielen an allem rum.«

Der Gatte hatte offenbar aus Versehen beim Herumspielen an dem fremden Gerät, ohne es zu bemerken, die Aufnahmetaste gedrückt. Dieser Teil des Schubertliedes war gelöscht. Es war der Anfang von Schuberts Winterreise: »Fremd bin ich eingezogen, fremd zieh ich wieder aus...«

Auch der Lauscher auf dem Band hört seine eigene Schand.

DIE KARTOFFELPRESSE

Thüringer Klöße sind keine Beilage. Bei kaum einer anderen Sache unterscheiden sich die Thüringer Dörfer, Städte und Hügel so prinzipiell wie bei diesen köstlichen Dingern. Der Krieg um die Richtigkeit der Klöße dauert schon bedeutend länger als der Dreißigjährige. Er kennt keine konfessionellen Grenzen und ist schon gar nicht durch einen Westfälischen oder wie auch immer gearteten Frieden beizulegen. Wenn man die Franken, die Vogtländer, die Böhmen und die Erzgebirgler mit ihren Thüringer-Kloß-ähnlichen Produkten hinzunimmt, schwelt hier seit Langem ein mitteleuropäischer Konflikt schlimmsten Ausmaßes. Der Kloß ist weich und locker, aber die Fronten sind verhärtet. Nicht nur die unterschiedliche Rezeptur, sondern auch die unterschiedlichsten Bezeichnungen beschreiben die brisante Problematik:

Thüringer Klöße
Rohe Klöße
Grüne Klöße
Halbseidene Klöße
Vogtländer Klöße
Fränkische Klöße
Griene Gließ
Serviettenklöße
Hütes
Knödeln
Geschwefelte Klöße
Ungeschwefelte Klöße
Fertigklöße – erwähne ich nur der Vollständigkeit halber, denn:
Ein Sonntag ohne Klöße
verlöre viel von seiner Größe,
doch um Himmels willen
und du meine Güte
keine aus der Tüte.

Ein besonderes Kloßessen führt einmal im Jahr zu diesem Zwecke gute Freunde zusammen, mit denen man auch stundenlang gescheite Gespräche über den Kloß führen kann. Die Gastgeberschaft geht reihum und wenn dem jeweiligen Gastgeber die Klöße gelungen sind, bekommt er für ein Jahr den Kloßpokal verliehen: eine holzgeschnitzte Frau mit einer Kloßschüssel in den Händen. Ich bin der einzige Thüringer in der Runde. Bei der Bewertung der Klöße der anderen bin ich dennoch äußerst nachsichtig. Der gemeine Sachse drückt auch schon mal den Sack, in dem die rohen, geriebenen Kartoffeln sind, mit der Hand aus. Trocken bekommen sie die Masse so natürlich nie. Selbst vor Grieß und Eigelb schrecken sie nicht zurück. Bei einigen fehlen die goldgelb gebratenen Semmelwürfel in der Mitte des Kloßes. Ein Sakrileg.

Ludwig Güttler, einer der Kloßbrüder, der aus dem Erzgebirge stammt, hatte einen runden Geburtstag. Da er der nächste Gastgeber für unser Kloßessen sein würde, wollte ich ihm eine Thüringer Kloßpresse schenken. Wenigstens das Handwerkszeug sollte bei den zu erwartenden erzgebirgischen Klößen stimmen, aber letztlich erwartet man von einem so glänzenden Trompeter nicht auch noch großartige Klöße.

In Zella-Mehlis, so wusste ich, gibt es eine Firma, die diese unverzichtbaren Kartoffelpressen herstellt. Das Internet hatte Internetprobleme und so setzte ich mich am Nachmittag hin und regelte über das gute alte Telefon diese und andere Dringlichkeiten:
– im Hotel »Haus am Meer« in Ahrenshoop einen kurzfristigen Fünf-Tage-Urlaub mit meinem Sohn buchen,
– mit dem BR wegen einer Weinsendung telefonieren,
– mit meinem Manager Termine und Interviewmöglichkeiten abklären,
– Gespräch mit einem Handwerker über Reparaturarbeiten in unserem Haus
– und die Telefonnummer dieser Firma in Zella-Mehlis herausfinden.

Ich hatte alle wichtigen Nummern auf einem Zettel bzw. im Handy gespeichert. Und nachdem die fünf Urlaubstage in Ahrenshoop gesichert waren, wollte ich im Bürgermeisteramt in Zella-Mehlis nochmals anrufen, wo ich fünf Minuten zuvor niemand erreicht hatte. Doch erst mal schnell ein Telefonat mit dem Klempner wegen des defekten Whirlpools. Das war bloß noch ein Pool und whirlte nicht mehr. Dann drückte ich die

Wahlwiederholung und bat im Bürgermeisteramt von Zella-Mehlis um die Nummer der dortigen Kartoffelpressenfirma. Die Dame am anderen Ende war sachlich-freundlich und versprach mir, sich um die gewünschte Nummer zu kümmern und mich in fünf Minuten zurückzurufen. Auf meine Thüringer ist eben Verlass, dachte ich, legte auf und wartete mit dem Stift in der Hand auf den Rückruf aus Zella-Mehlis. Nach exakt fünf Minuten meldete sich zu meiner Verwunderung noch mal das »Haus am Meer« im mecklenburgisch-vorpommerschen Ahrenshoop und die dortige Mitarbeiterin an der Rezeption sagte in gepflegtem Norddeutsch: »Ich habe die Nummer der Kartoffelpressenfirma in Zella-Mehlis herausbekommen.«

Ich warne vor einem sorglosen Umgang mit Wahlwiederholungen.

Meiner längeren Erklärung, gemischt mit Dankbarkeit und Entschuldigung, folgte große Heiterkeit auf beiden Seiten. Bei mir reifte die Überlegung, ob ich zum Kurzurlaub nach Ahrenshoop für die Dame an der Rezeption im »Haus am Meer« eine Kartoffelpresse mitnehme. Letztlich habe ich es anders geregelt, denn was wollen sie in Mecklenburg-Vorpommern mit einer Kartoffelpresse zur Herstellung von Thüringer Klößen.

PS: Mittlerweile hat das Kloßessen bei Ludwig Güttler stattgefunden. Wider Erwarten sind ihm die Klöße vortrefflich gelungen, obwohl er zum Kloßteig unverständlicherweise Quark hinzugegeben hatte.

Der Anteil der Zella-Mehliser Kartoffelpresse am Gelingen dieser Klöße war sicherlich beträchtlich. (Der Braten war ohnehin eine Gaumenfreude, denn den hatte seine Frau gemacht. Er war auch schön anzusehen – wie sie.)

DER VOGELHÄNDLER

Bei Dresden gibt es eine Neubausiedlung, in der vornehmlich vornehme Mitglieder der Sächsischen Staatskapelle, Opernsänger(innen), Dirigenten und andere Angestellte der Semperoper wohnen. Gemütliche Einfamilienhäuser mit kleinen Vorgärten. Dort wohnt unter anderem der ehemalige Solotrompeter der Sächsischen Staatskapelle mit seiner Frau. Sie ist Sängerin im Staatsopernchor. Im Vorgarten hat der Trompeter einen Trompetenbaum und einen riesigen Findling aus seiner Geburtsheimat, der Altmark. Sein Hinweis, dass er dadurch steinreich sei, liegt auf der Hand und beschreibt seinen Humor. Er ist ein Mann mit lustigen Hintergedanken. Der Findling aus der Altmark wiegt 10,4 Tonnen. Wenn er nicht zu Hause ist, hängt am Stein ein Schild, auf dem steht: »Schlüssel liegt unter'm Stein.«

Die Siedlungsbewohner wissen einiges voneinander. Zum Beispiel, dass der etwas zu früh pensionierte Musiker eine etwas zu junge Frau hat und auch wie viel Rotwein die beiden am Abend und wie lange trinken.

Sie bemerken auch, dass ein anderer Musiker eine Sängerin besucht – zunächst beruflich kaschiert; als die beiden aber merken, dass alle bemerkt haben, dass es übers Musikalische hinausgeht, zieht er zu ihr. Das viele Wissen voneinander vereint nicht nur. Die neugierige Nähe verhindert aber nicht eine grundsätzliche Harmonie, die sogar regelmäßige Straßenfeste mit vielen guten Musikanten und entsprechender Stimmung hervorbringt. Die ganz persönlichen Bindungen gehen dennoch von dicker Freundschaft bis zu Nichtmehrgrüßen, von Wertschätzung bis Geringschätzung. Eigentlich ganz normale Verhältnisse.

Im nahe gelegenen Dorf – es ist nicht von Dresden die Rede – kaufen sie die Dinge für den Tag ein und in der angrenzenden Dresdner Heide tanken sie Luft, Kraft und Gelassenheit, die man im Orchestergraben, auf und hinter der Bühne gut gebrauchen kann. Genug der Hinführung auf die eigentliche Geschichte, aber aus gegebenem Anlass war hier eine Ouvertüre Pflicht.

Eine Instrumentalistin der Staatskapelle ging also eines Tages zum Bäcker nach Ullersdorf, vielleicht war es auch Großerkmannsdorf, um zu kaufen, was man beim Bäcker eben so kauft.

Die Bäckersfrau kennt ihre Pappenheimer und auch die Musiker der Staatskapelle, die seit einigen Jahren in ihrer Nähe siedeln. Es ist eine gute Bäckerei, für gute Musikanten genau das Richtige, und das Interesse an den musikalischen Kunden ging immerhin so weit, dass die Bäckersleute – zwar nicht regelmäßig, aber doch gelegentlich – ins Theater gehen. Da ergeben sich auch ungeahnte Gesprächsthemen über Roggen-, Weizen-, Bauernbrot und Eierschecke hinaus. So sagte die Bäckersfrau, sie sei gestern im »Vogelhändler« gewesen, in der Semperoper. »Eine schöne Aufführung und die Musik so lieblich.«

Darauf, erklärbar besserwisserisch, die Instrumentalistin: »Verzeihung, aber den ›Vogelhändler‹ haben wir gar nicht im Spielplan. Wir spielen überhaupt sehr wenig Operette, das ist ja auch die Sächsische Staatsoper.« Die Bäckersfrau stutzte ungläubig und behauptete ebenso besserwisserisch, dass doch den ganzen Abend lang dieser lustige Vogelhändler auf der Bühne rumgesprungen sei. »Ich bin doch nich bleede« – sagte sie sächsisch trotzig. Jetzt dämmerte es der Musikerin, die am Vortag zwar keinen Dienst gehabt hatte, aber es fiel ihr ein, dass »Die Zauberflöte« auf dem Spielplan stand. Und sie sagte: »Sie waren gestern in der ›Zauberflöte‹ und da gibt es den Papageno, der ist Vogelhändler. Das hat aber mit der Operette ›Der Vogelhändler‹ überhaupt nichts zu tun.« Das sagte sie nicht triumphal, aber doch als durchaus angebrachte Richtigstellung.

Ich weiß nicht, ob eine Bäckerin eine beleidigte Leberwurst sein kann – sie war es. Jedenfalls sagte sie hilflos forsch: »Ja, ja, Sie wissen alles von der Oper, dafür kenne ich alle Pilze.«
Selbst der Bäcker bekommt manchmal nicht alles gebacken.

FRIVOL ALS AUCH

Es ist nicht jedermanns Sache, Formulare, Anträge und andere bürokratische Blätter auszufüllen. Es ist auch nicht jederfraus Sache. Eigentlich kenne ich überhaupt niemanden, der es gerne tut. Hie und da muss es aber wahrscheinlich doch sein. Da und hie fänd ich es entbehrlich. Dennoch gibt es verheißungsvolle Formulare, bei denen man froh ist, wenn man sie in den Händen hält: Immatrikulationsbescheide, günstige Arbeits- und Mietverträge, lang ersehnte Scheidungsformulare und Friedensverträge. Die Anträge auf eventuell zu genehmigende Verwandtenbesuche von Karl-Marx-Stadt nach Hannover oder von Ottendorf-Okrilla nach Dinslaken gehörten früher ebenfalls zum bürokratischen Prozedere, das der Einzelne gern über sich ergehen ließ. Selbst ein zeitlich begrenzter Ausgang durchs ansonsten undurchlässige Mauerwerk der Diktatur der Mauerwerktätigen war ein Hauptgewinn im Lostopf der realsozialistischen Nieten. Manch eine(r) ist aber auch mit der erfreulichsten Formalität überfordert. So die Raumpflegerin der Familie Moese in Berlin. Willy Moese war ein großartiger Karikaturist mit einer unverkennbar eigenen Handschrift und seine Frau war eine unverkennbare Schönheit unter den Fernsehansagerinnen des Deutschen Fernsehfunks.
Raumpflegerinnen mit Abitur sind überqualifiziert, bei der Raumpflegerin der Familie Moese hatte man Grund zur Annahme, dass die Grundschule ihr auch grundsätzliches Wissen

nicht erfolgreich vermitteln konnte. Maria Moese sah, wie sich die als Raumpflegerin verlässliche Frau von Punkt zu Punkt quälte und einige Punkte auch ausließ. Die freundliche Fernsehansagerin betrachtete sich die Sache aus der Nähe und bot nötige Hilfe an. Namen, Geburts- und Wohnort sowie nicht erlernter Beruf waren korrekt ausgefüllt, einiges gar nicht, anderes falsch. Nicht direkt falsch, aber bürokratisch ungültig war das Wort, das sie hinter die Frage nach dem Geschlecht geschrieben hatte. Es stand dort: OVAL.

DIE PARTEIISCHE SCHULE

Der in jeder Hinsicht dickste SED-Genosse im Ensemble des Dresdner Staatsschauspiels verkündete einmal: »Ein guter Genosse ist wichtiger als ein guter Schauspieler.« Er war ein guter Genosse.

Eine naive Herangehensweise bei der Erarbeitung einer Rolle kann mitunter hilfreich sein. Wer aus Naivität in die SED hineingestolpert ist, verdient allemal mehr Verständnis, als wenn da einer diesen Schritt mit karrieristischem Kalkül gegangen ist. Die Naiven legten manchmal ein jungfräuliches Parteidenken an den Tag, über das sich die hartgesottenen und abgebrühten Apparatschiks wahrscheinlich lustig gemacht haben. Die grundsätzliche ideologische Ausrichtung erfolgte in sogenannten Parteilehrjahren und auf Parteischulen unterschiedlichster Klassifizierung.

Eine junge, wohlmeinende und reichlich naive Schauspielerin, die im laufenden Stück auch vortrefflich die junge Naive spielte, saß vor der Vorstellung in der Maske und man sprach darüber, dass die heutige Vorstellung eine geschlossene Veranstaltung sei. Es wurde ein mehr oder weniger heiterer Zeitgenosse gespielt und im Zuschauerraum saß die Bezirksparteischule Dresden. Ob nun berechtigt oder nicht, jedenfalls hatte die junge Genossin große Erwartungen in das – aus ihrer Sicht – hochwohllöbliche Publikum gesetzt. Es war nicht nur Hoffnung, sondern Gewissheit, dass die Elite der Partei ein großartiges Publikum sein würde.

Wenn gewohnte Reaktionen beim Zuschauer ausbleiben, sprechen wir Theaterleute davon, dass man vor einer Ansichtskarte gespielt habe. An diesem Abend war es so und die Kollegen der jungen Naiven sagten nicht ohne Häme zu ihr: »Der Unterricht in Marxismus-Leninismus muss deine Bezirksparteischüler ganz schön mitgenommen haben. Die waren als Publikum nicht zu gebrauchen.« Die ebenso enttäuschte Parteielevin sagte: »Das kann nicht die Bezirksparteischule gewesen sein, das war bestimmt die Kreisparteischule.«

So hatte der Abend doch noch eine Pointe gelandet.

Unabsichtlich ins Schwarze ist besser als gar kein Treffer.

Rhein gar nich

Das Ursprungsland des europäischen Weines ist Italien. Die Römer haben die göttlichen Trauben nach Norden gebracht. Zu den Hängen an Elbe, Saale und Unstrut kamen sie zwar später als zur Mosel – und ohne Römer –, aber nun auch schon vor reichlich tausend Jahren. Tausend Jahre später, seit Herbst 2008, bin ich Weinbotschafter des Weinanbaugebietes Saale/Unstrut. Eine ehren- und geschmackvolle Berufung, die ich gern angenommen habe. Weinverkostungen, Wahl und Proklamation der Weinköniginnen, feucht-fröhliche Weinfeste und andere erfreuliche »Verpflichtungen« gehören zu den Obliegenheiten eines Weinbotschafters. Ferner soll ich den dortigen Wein loben, was mir auch an dieser Stelle nicht schwerfällt. Diesen Botschafter kann niemand einbestellen und die Botschaft braucht keinen Polizeischutz. Auf dem

Freyburger Weinberg, unterhalb der Neuenburg, wächst ein Weinstock, den ich selbst gepflanzt habe. Der Weinstock des Botschafters – und im Hotel neben der Neuenburg hängt auf dem Weg zur Toilette das größte gerahmte Foto von mir, das man sich vorstellen kann. Ein etwas kleineres an anderer Stelle wäre mir zwar lieber gewesen, aber immerhin vermitteln mir die Mitarbeiter des Hotels den Eindruck, dass ich sehr willkommen sei. Ich mochte diese Gegend, die Menschen und den dortigen Wein schon immer und stieß dabei offenbar auf Gegenliebe. Schon als Kind fuhr ich gern mit dem Fahrrad zu den Burgen an Saale und Unstrut. Der Saale-Holzland-Kreis, in dem ich geboren wurde, liegt in der Nachbarschaft. Den Wein entdeckte ich später.

Es war Mitte der siebziger Jahre, ich sang zwar erst kurze Zeit an der Sächsischen Staatsoper, hatte aber auch außerhalb des Großen und Kleinen Hauses zahlreiche Auftritte. Von klassischen Konzerten bis hin zu kabarettistischen Programmen mit Gitarre und Mundwerk.

Redakteure des Rundfunks hatten mittlerweile von mir Kenntnis genommen und es gab erste Einladungen zu Unterhaltungssendungen mit Musik und »Wortbeiträgen«. So nannte man Gesprochenes. Die da sprachen, nannte man »Wortkünstler«. Denen schauten sie besonders aufs Maul, um die Worte gegebenenfalls zu korrigieren. Aber auch Liedertexte wurden nach Worten und Widerworten untersucht. Ob sie nun ein Beitrag zur sozialistischen Unterhaltungskunst waren oder nicht, entschied der mehr oder weniger vorauseilende Gehorsam des Redakteurs. Viele von denen fühlten sich kritischen Künstlern gegenüber mehr verbunden als ihrem Parteisekretär. Freie Hand hatte der Redakteur dadurch keineswegs, aber es kam gelegentlich zu erträglichen Kompromissen. So konnte der Wort- und Sangeskünstler Fabelhafte und andere indirekte Widerworte unterbringen. Wortspiel über Bande könnte man auch sagen. Bei entsprechenden

Reaktionen des hellhörigen Publikums hat sich der Künstler gefreut, der Redakteur geschmunzelt und der Parteisekretär hat's entweder nicht begriffen oder diabolisch gegrinst. Bei anderen Redakteuren trieb der vorauseilende Gehorsam aufschreibenswürdige Blüten:

Ich bekam ein Angebot zur Mitwirkung an einer Rundfunkunterhaltungssendung irgendwo an der Saale hellem Strande. Der Wein sollte, sowohl im »Wortbeitrag« als auch musikalisch, eine Rolle spielen. Der Redakteur schlug unter anderem »Im tiefen Keller« vor, ein Lied, das von Bassisten seit vielen Generationen bei solchen Gelegenheiten immer wieder gern genommen wird. Ähnlich beliebt wie das »Chianti-Lied« bei den Tenören. Ein Tenor war bei der Sendung auch dabei und sang selbstverständlich das »Chianti-Lied«. Das war offensichtlich an der Saale hellem Strande kein Problem.

Bezüglich des Liedes vom tiefen Keller erhielt ich eine Woche vor der Sendung einen Brief vom Redakteur. Er schrieb neben allerlei Freundlichkeiten, ich solle mir doch bitte mal bezüglich des Trinkliedes Gedanken machen. In der dritten Strophe heißt es:

»Allein mein Durst vermehrt sich nur,
bei jedem vollen Becher.
Das ist die leidige Natur,
der echten Rheinweinzecher ...«

Ich solle doch bitte statt »Rheinwein« Saale, Unstrut oder irgendeinen anderen unserer Flüsse besingen. Der Rhein fließe zu großen Teilen in Westdeutschland und selbst Bonn läge doch am Rhein. Deswegen ginge Rhein gar nicht. Er schloss den Brief mit den Worten: »Ihnen wird schon was einfallen.«

Mir fiel nichts ein und das war keine Frage der Einfältigkeit.

Vor Ort verwies ich auf die nötige Einsilbigkeit, die beim Rhein, aber nicht bei unseren Wein-Flüssen gegeben sei, und versuchte ihn zu überzeugen, dass der Rheinweinzecher ein stehender Begriff sei und das Lied im Übrigen »Der Rheinweinzecher« heiße. Mit vergeblicher Ironie ergänzte ich: »Es denkt dabei sicher niemand an die ›Bonner Ultras‹.« Die Zuhörer würden aber stutzig werden, wenn das Wort bei einem so bekannten Lied ersetzt würde.

Stirnrunzelnd gab er vor, meine Gedanken nachvollziehen zu können, und ich sang den Originaltext. Es war eine Aufzeichnung, bei der Ausstrahlung wenige Tage später war das Lied rausgeschnitten. Das »Chianti-Lied« über den berühmten Rotwein aus der Toskana blieb drin. Auch das Duett »Vivat Bacchus« aus Mozarts Oper »Die Entführung aus dem Serail« wurde gesendet. Diese Oper spielt in der Türkei.

PS: Es hatte nicht den Hauch von Widerstand, nicht mal Zivilcourage, wenn ein Bass in der DDR den »Rheinweinzecher« sang. R(h)ein gar nich – aber dieser Redakteur war ein sozialistischer Volltrottel.

STRÄFLICHES VERHALTEN
OHNE KONSEQUENZEN

Die Marktplätze gehören, wie anderswo auch, zum Sehenswertesten meiner Heimatregionen Ostthüringen, Westsachsen und Südsachsen-Anhalt. Einer der schönsten ist wohl der Naumburger, aber auch der meiner Heimatstadt Eisenberg kann sich sehen lassen. Vornehmlich Renaissance, aber auch gotisch geprägt. Die unteren Räume des Klötznerschen Hauses (sprechen Sie das mal nach einer Flasche Rotwein aus) sind wohl noch älter. Eigentlich passen auf solche historischen Plätze überhaupt keine Autos, von Trabbis ganz zu schweigen. Aber die den Markt umgebenden verwinkelten Gassen eignen sich noch weniger.

1980 – ich hatte gerade in den Trabant 601 meiner Frau hineingeheiratet – fuhren wir zum Verwandtenbesuch nach Eisenberg. Auf dem Weg durch die Stadt geht's über den

Markt und kurz entschlossen hielt ich dort an, um wieder mal meine Taufkirche St. Peter, die Schlosskirche und das Heimatmuseum im Klötznerschen Haus zu besuchen.

Ich vergaß die Parkuhr hinter die Scheibe zu legen und fand bei der Rückkehr prompt einen Strafzettel unterm defekten Scheibenwischer. Unrecht ist auch im Unrechtsstaat Unrecht und so wollte ich die Parksünde sofort büßen. Ich ging zur Bußgeldzahlung zum Volkspolizeikreisamt Eisenberg direkt hinter dem Markt in die Rosa-Luxemburg-Straße. Mit dem Strafzettel in der Hand bat ich den uniformierten Pförtner, mir den Ort bzw. das Zimmer mit dem »Opferstock« zu nennen, auf dass ich dort reumütig meine Strafe genannt bekäme und begleichen könne. Er studierte mit Kennerblick das Dokument und sagte im Tone eines Scharfrichters: »Zimmer vier!« Ich bedankte mich artig für die schnörkellose Auskunft und lenkte meine Schritte zum Zimmer vier.

Es war zwar ein Zimmer des Volkspolizeikreisamtes Eisenberg, aber die hohen Pulte auf dem Schreibtisch erinnerten mehr an die Passstelle eines einreiseunwilligen Landes denn an die Räumlichkeit eines Freundes und Helfers. Die Sicht auf die Hände und der Hände Arbeit des diensthabenden Volkspolizisten war für den Bürger nicht frei. Der Beamte fingerte auf seinem versteckten Schreibtisch rum und sagte: »Geh'n Se mal ins Zimmer sechs!« Er sagte es so, als hätte ich mich in der Tür geirrt.

Unverrichteter Dinge ging's zum Zimmer sechs. Mein Klopfen vernahm dort niemand, ich öffnete vorsichtig die Tür und vermutete einen sehr kleinen Volkspolizisten hinter der optischen Barrikade. Beim Nähertreten sah ich: Es war gar niemand da. Ich schaute neugierig über das den Schreibtisch verdeckende Pult und entdeckte Verordnungen, Zeitungen, Zettel, einen fest installierten Klingelknopf, belegte Brote, Handschellen und eine Tasse mit kaltem Kaffee. Plötzlich trat der Beamte in den Raum. Letzte ordnende Handgriffe verrieten, dass er von der Toilette kam. Meine offensichtliche Neugier missfiel ihm und er sagte barsch: »Treten Se mal'n Schritt zurück!« Während ich seine Anweisung befolgte, sagte ich: »Ihr Kollege vom Zimmer vier schickt mich zu Ihnen«, und gab ihm den Strafzettel. Er fummelte auf seinem Arbeitsplatz herum zwischen Verordnungen, Handschellen und kaltem Kaffee und sagte kurz entschlossen: »Geh'n Se mal ins Zimmer acht.«

Auf dem Weg zum Zimmer acht stellte ich erleichtert fest, dass das Volkspolizeikreisamt Eisenberg nur circa acht Zimmer hatte und demzufolge die staatlich verordnete Wanderschaft bald zu Ende sein müsse. Die Tür zu Zimmer acht war halb geöffnet und drinnen unterhielten sich zwei Volkspolizisten über Oberliga-Ergebnisse. Sie waren gerade dabei, eine Niederlage des BFC Dynamo zu verdauen. Das taten sie mit Kaffee, Broten und grünen Kuba-Orangen. Sie saßen bürgernah am Tisch vor der Barriere. Ich trug mein Anliegen vor, übergab den Zettel und beide Beamte verschwanden hinter der hohen Kante und suchten.

Einer ging ins Hinterzimmer, kam wenig später zurück, schaute hilflos zu seinem Kollegen und sagte zu mir gewandt: »War'n Se schon im Zimmer sechs?« Ich nickte. »War'n Se schon im Zimmer vier?« Ich nickte abermals. Beide Volkspolizisten atmeten tief durch, so dass die Uniformknöpfe einer kurzzeitigen Zerreißprobe ausgeliefert waren, und der mit seiner grünen Uniform bei den grünen Kuba-Orangen saß, sagte mit der administrativen Überheblichkeit eines Achtklässlers: »Sie haben mehr Glück als Verstand, die Quittungen sind uns ausgegangen. Das nächste Mal kommen Sie nicht so glimpflich davon!«

Er wies mir mit dem Kopf die Tür von Zimmer acht und ich ging an Zimmer sechs, vier und dem Pförtner vorbei in Richtung Markt und dachte fröhlich bei mir: Engpässe haben manchmal auch was Erfreuliches.

GRAND GERÜCHT

Wir hatten im noblen Berliner Grand Hotel eine Gala für Citroën. Ein einstündiges Programm mit der amerikanischen Sopranistin Deborah Sasson und meinem Pianisten Klaus Bender. Ein edles Haus und die Suite für mich und meine Frau war fürstlich und dennoch gemütlich. Debbi hatte auch ihren Lebensgefährten Dieter dabei und wir verabredeten uns nach der Gala und einem Small Talk mit den Damen und Herren von Citroën in unserer Suite, um noch gemütlich ein Schlückchen gemeinsam zu trinken. Nach getaner Arbeit schmeckt sogar weniger guter Wein. Der im Grand Hotel war vortrefflich. Es war ein sehr harmonischer und heiterer Abend. Mit guten Freunden in edler Umgebung und besten Weinen ist das auch keine Kunst. In geschmackvollen Abständen sollte man sich das immer mal wieder gönnen. Da muss nicht mal unbedingt vorher eine Gala sein. Debbis Auftrittskleid sah wunderschön aus, war aber nur im Stehen schmerzfrei zu tragen. Träger, Schnallen, Biesen und Gürtel entpuppten sich beim Sitzen als wahre Folterwerkzeuge. Meine Frau verschwand mit Debbi in unserem Bad, um schwesterlich Abhilfe zu schaffen. Sie tauschten das Abendkleid gegen den großen Hotelbademantel, der in unserem Bad hing. Debbi passte da zweimal rein, mir wäre er immer noch zu klein gewesen. So nahm das Beisammensein auch für die Sopranistin einen druckfreien und gemütlichen Verlauf.

Irgendwann geht auch der schönste Abend zu Ende und so trank ich mit Klaus noch einen letzten Schluck, während Anne Debbi und Dieter in ihre Suite brachte, um den für mich gedachten Bademantel wieder mitzubringen und in unser Bad zu hängen. Am nächsten Morgen tat Debbi das, was sie gern tut: Sie gönnte sich einen verlängerten Schönheitsschlaf, den man ihr auch ansieht. Ich musste zeitig raus, auch das sieht man.

Debbi hinterlässt nicht nur überall einen blendenden Eindruck, sondern auch die unterschiedlichsten Accessoires, gerne auch mal Koffer und wichtige Noten. Bei unserem nächsten Treffen erzählte sie das folgende Malheur: Sie hatte – vermutlich – im Grand Hotel ihre wertvollen Ohrringe verloren oder liegen gelassen. Jedenfalls zierten sie nicht mehr ihre Ohrläppchen und waren auch nicht im Schmuckkästchen. Sie rief im Berliner Grand Hotel diesbezüglich an und hoffte auf ein positives Zeichen. Die Dame an der Rezeption teilte tatsächlich die erhoffte freudige Botschaft sehr sachlich und unterkühlt mit: »Wir haben Ihre Ohrringe im Bademantel von Herrn Emmerlich gefunden.« Debbi hob an, eine längere Erklärung abzugeben, ungefähr von der Länge dieser nun zu Ende gehenden Geschichte. Die Grande Dame vom Grand Hotel unterbrach sie sofort und sagte: »Schon jut, Frau Sasson, wir schicken Ihnen die Ohrringe zu.«

DREI ZIGARETTEN FÜRS TRIO

Die berühmteste Briefmarke Sachsens ist der Sachsendreier. Der kabarettistische Sachsendreier ist das Zwinger Trio. Drei Begabungen, die sich schon früh fanden, ohne sich je gesucht zu haben. Der Zufall führte sie auf der Leipziger Schauspielschule zusammen und trotz unterschiedlicher Engagements und erfolgreicher Solokarrieren ist dieses Dresdner Dreigestirn eine Attraktion dieser Stadt wie Pfunds Molkerei und der berühmte Kirschkern im Grünen Gewölbe.

Ohne vielleicht den konkreten Vorgang vor Augen zu haben (obwohl, wer weiß), nahmen sie in einer gemeinsamen Fernsehsendung Anfang September 1989 die Deutsche Einheit vorweg. Sie betraten die Bühne des Theaters der Stadt Gera mit einem Transparent, auf dem die verschlüsselte Botschaft stand:

SEID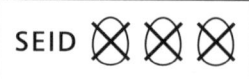

Für die Begriffsstutzigen wurde mit einem Zeigestock in der Hand ausformuliert: »Seid Ei-nich, Ei-nig, Ei-nich.«

Die politischen Folgen sind bekannt.

Ein Jahr später, die Einheit war vollzogen, wurden sich auch die drei einig, dass es Zeit für grundlegende Veränderungen war. Nichtschwimmer waren sie schon, jetzt wollten sie auch noch Nichtraucher werden.

Gesagt, geschworen, getan war eins und so saßen die drei neuen Nichtraucher mit mir und anderen Noch-Rauchern in einer gemütlichen Thüringer Gaststätte. Irgendwann sagte Jürgen Joseph Haase (ein Drittel des Zwinger Trios), links neben mir sitzend, konspirativ leise in mein Ohr: »Gib mir mal 'ne Zigarette, ich geh auf die Toilette.« Ich schob ihm unterm Tisch eine rüber und Jürgen Joseph verschwand.

Peter Kube, ein weiteres Drittel des Trios, saß zu meiner Rechten und zischelte mir ins Ohr: »Gib mir mal 'ne Zigarette, ich rauch schnell eine vor der Tür.« Unbemerkt vom restlichen Drittel, Tom Pauls – er saß am anderen Ende des Tisches –, ging Peter an die frische Luft, um gegen sie etwas zu unternehmen. Jetzt sagte Tom zu mir, just als die Kneipentür hinter Peter ins Schloss fiel: »Die beiden sind gerade nicht da, gib mir mal 'ne Zigarette.«

Da ich nicht das Zeug zum Geheimnisträger habe und der Trioschwur zu gleichen Teilen gebrochen war, steht die Geschichte hier geschrieben. Mittlerweile sind die drei eiserne Nichtraucher und pfeilschnelle Schwimmer.

Ein irres Land

Seit einigen Jahren fahre ich mit meinem Ännchen aus Bühlau für jeweils ein paar Tage nach Irland. Wie wir finden, ein irres Land. In Dublin gelandet, mieten wir uns ein Auto und fahren links und quer durchs Land an die Westküste. Dublin ist schön, aber die Westküste ist noch schöner. Die Strecke dazwischen hat was von der Gegend zwischen Anklam und Grimmen. Nur ohne schöne gotische Backsteinkirchen. Ziemlich trostlos. Auf halber Strecke gibt es eine alte Whiskeybrennerei, die als Museum zu besichtigen ist. Da wir dort schon oft gehalten haben, ist mir die Whiskeyherstellung nach irischer Art so geläufig, dass ich die Führung übernehmen könnte. Im dazugehörigen Shop kaufen wir jedes Mal eine Flasche Connemara-Whiskey und gehen anschließend über eine schöne Brücke in ein Restaurant neben dem Parkplatz, in dem es allerlei geschmacklose irische Speisen gibt. Die Engländer waren achthundert Jahre im Land... »Das bisschen Essen müsste man auch noch trinken können« ist sicherlich eine irische Erkenntnis.

Unterhalb der Brücke tummeln sich viele Enten. Ihr Gang ist noch watscheliger als bei Enten anderswo. Die Nähe zur alten Whiskeybrennerei hat vermutlich ihre Spuren hinterlassen.

Je näher wir an Galway herankommen, desto schöner wird die Gegend. Ein landschaftliches Crescendo bis hin zur Küste. Zum jährlichen Irlandgepäck gehören Brot (das irische würde in Deutschland anders heißen und es würde keiner kaufen) und allerlei CDs mit irischer Volksmusik. Nachdem wir hoffentlich die richtige Ausfallstraße von Dublin aus in Richtung Westen gefunden haben, ist irische Volksmusik unser passender Wegbegleiter. Sie macht dann auch die Gegend zwischen Anklam und Grimmen erträglicher. Wenn die Küste naht, klingen die Lieder der Dubliners immer schöner und schöner. Jetzt verschmelzen die Bilder mit der Musik und wenn an den folgenden Tagen mal eins von beiden fehlt, kann ich mit den Augen hören und mit den Ohren sehen.

Dieses Land mit seiner Geschichte und die Menschen mit ihren Geschichten sind mir auch durch diese Lieder nähergekommen und vertrauter geworden. Das berühmte irische Grün, die Ruinen der einst kargen Natursteinhäuser und die überwindbaren Mauern passen zum archaischen Gesang und zur schlichten Instrumentierung. Das klingt ehrlich, tief empfunden und sehnsuchtsvoll. Manche Lieder sollte man sich jedoch nicht übersetzen. Es ist einfach schwer nachvollziehbar, wie der alte Joe mit einem Arm an die Küste Australiens schwamm – und das Wetter war auch noch schlecht.

Auf sympathische Weise kommen in anderen Liedern oft stolze alte Frauen vor, Fernweh und dann wieder Heimweh und nicht zu vergessen der einmalige irische Humor. Wenn dem Iren die letzte Saite auf der Gitarre reißt, spielt er auswendig weiter…

In Connemara gibt es ein ehrwürdiges Denkmal, denkt man, wenn man es sieht. Auf einem Sockel kauert ein überlebensgroßer, bärtiger, sonst nackter alter Mann. Ein irischer Freund zeigte uns unkommentiert dieses Denkmal. Im Hintergrund fein geschliffener und geformter grüner irischer Marmor. Sicher eine in Stein gehauene keltische Legende, dachten wir. Ehrfürchtig traten wir heran und lasen: HIER PASSIERTE IM JAHRE 1884 ABSOLUT NICHTS.

Es lebe der irische Humor. So ein Denkmal wäre in Deutschland undenkbar. Wir haben auch andere Lieder.

Am Abend im Pub haben sie alle gesungen. Die Alten, die Jungen, die Einarmigen, die Zweisamen und der Dreikäsehoch, vornehmlich im Viervierteltakt bis früh um fünf. Viele Lieder. Alle Strophen. Alle.

1991 habe ich an der Staatsoperette in Dresden das erste Mal den Tevje in »Anatevka« gesungen. Mittlerweile habe ich den »Fiedler auf dem Dach« fast tausend Mal gespielt und dieser Tevje ist mir sehr ans Herz gewachsen. Manch andere Partie hängt einem schon bei einer weit geringeren Aufführungszahl zum Halse raus, aber dieses Stück enthält so viel Heiterkeit und Traurigkeit, Nachdenklichkeit und Liebenswürdigkeit, Menschlichkeit und Unmenschlichkeit, dass die Faszination beim Publikum und hinter der Bühne nicht nachlässt. Nie habe ich eine Rolle lieber gespielt als diesen Milchmann aus Weißrussland. Selbst wenn ich eines Tages den Jackpot knacken und 50 Millionen Euro gewinnen sollte – »Wenn ich einmal reich wär'« würde ich immer noch singen. Die Gespräche Tevjes mit dem lieben Gott sind sowieso die erfreulichsten, die ich je mit einem Vorgesetzten geführt habe.

Nachdem ich das Stück in Dresden und bevor ich es in der Schweiz, Österreich, Luxemburg, Frankreich und Belgien gespielt hatte, kam 1992 eine Einladung nach Hamburg vom St. Pauli Theater. In der dreiwöchigen Probenzeit wohnte ich im Hotel Monopol am Anfang der Reeperbahn. Bis zum St. Pauli Theater neben der berühmten Davidwache sind es sieben Minuten zu Fuß. Bedingt durch die Vormittag- und Abendproben lief ich also drei Wochen lang viermal am Tag an den einschlägigen Etablissements auf der Sündenmeile zwangsläufig vorbei. Die dazugehörigen Doormen, deren Uniformen die Vermutung nahelegen, sie würden Teile der Südpazifikflotte befehligen, kannten mich offenbar vom Fernsehen. Sie nickten mir die ersten Tage freundlich zu, ich grüßte zurück, was sie offenbar ermunterte, an den darauffolgenden Tagen jeweils sehr laut entweder: »Guten Morgen, Herr Emmerlich« oder »Guten Abend, Herr Emmerlich« zu rufen. Nach den dann laufenden Vorstellungen sagten sie auch schon mal »Gute Nacht, Herr Emmerlich«. Die Etablissements sind diskret, ihre Doormen sind laut – freundlich, aber laut.

Passanten und Touristen, auch eindeutige Besucher der einschlägigen Einrichtungen, registrierten die lautstarken Begrüßungen der Pförtner vorm Sündenbabel mit unverhohlenen Vermutungen oder verständnisvollem Lächeln.

Eines Tages – der freundlichste und lauteste aller Doormen war gerade dabei, eine Gruppe Dresdner Touristen in sein Haus zu locken – hörte ich im Vorübergehen im gepflegten Hofsächsisch: »Wo denkn Sie 'n hin, mir sinn mit unsern Fraun hier…!« In diesem Moment sieht mich der Türsteher und ruft über die Köpfe der Dresdner Weltenbummler hinweg: »Einen schönen Abend, Herr Emmerlich, lange nicht gesehen!«

In den vergangenen fünf Tagen hatte ich Vorstellungen in Dresden und eine Fernsehsendung in Berlin. Erklären Sie aber das mal in der Situation neugierig-argwöhnischen Vatis und Muttis aus Sachsen, wo selbst die Elbe noch jungfräulich ist. Falls Sie damals 1992 meine Wege auf der Reeperbahn gekreuzt haben sollten – ich war »Der Fiedler auf dem Kiez«.

Übrigens, meine Eisenberger Landsleute aus dem Ostthüringischen scheinen überall auf der Welt eine Dependance zu haben. Egal, wo ich auf unserem Erdenrund bin, treffe ich einen Eisenberger. Auf dem Roten Platz in Moskau, auf der 5th Avenue in New York oder auf der Festung oberhalb von Kotor in Montenegro. Und jetzt kommt's, alle begrüßen mich mit den Worten: »Was machst'n du hier?!« Selbst auf der Copacabana in Rio empfing mich ein Eisenberger mit der Frage »Was machst'n du hier?!«

Ich fürchte, wenn ich eines Tages in einen Puff ginge, es säße dort ein Eisenberger und würde fragen: »Was machst'n du hier?!«, obwohl diese Frage nun dort völlig überflüssig wäre.

ÜBER GEWICHT UND ZEITEN

Es ist leicht, das Idealgewicht tabellarisch zu ermitteln – es zu erreichen ist eine andere Sache. Ebenso verhält es sich mit Zeiten.

Carl Kaufmann ist bei den Olympischen Spielen 1960 in Rom die 400 Meter in 44,9 Sekunden gelaufen. Weltrekord. Das war vor nunmehr fünfzig Jahren. Ich kenne diese Zeit also seit einem halben Jahrhundert, ohne dass ich nur annähernd in diesen Bereich gekommen wäre. 1960 – ich war gerade sechzehn – hatte ich noch unbegründete Hoffnung, es zu schaffen, aber mittlerweile habe ich es aufgegeben. Die handgestoppten 10,0 Sekunden über 100 Meter von Armin Hary aus dem gleichen Jahr (Olympiasieger in Rom wurde er mit 10,2 Sekunden) habe ich schon früher aus dem Blickwinkel verloren.

Immerhin hatte ich, ebenso wie Kaufmann und Hary, 1960 mein Idealgewicht. Die damaligen Weltrekordler haben mich zwar durch ihre Zeiten beeindruckt, ansonsten waren wir aber in einer Gewichtsklasse, und ich war erst sechzehn und hatte meine Olympiasiege theoretisch noch vor mir.

1964 waren allerdings weder Kaufmann noch Hary bei den Olympischen Spielen und auch ich fehlte in Tokio, wie schon in Rom. Wir hatten zwar alle drei immer noch unser Idealgewicht, aber unsere Zeiten waren unzureichend. Eine Finalteilnahme war ausgeschlossen. Auch 1968 in Mexiko ereilte uns das gleiche Schicksal. Wir kamen nicht mal in den erweiterten Kader. Ich wieder nicht, sie nicht mehr.

In den letzten vierzig Jahren gerieten unsere Zeiten mehr und mehr in Vergessenheit. Meine noch mehr, als sie je in Erinnerung waren. Ihre in Erinnerung zu bringen lohnt.

Die heutigen 100- und 400-Meter-Läufer in Deutschland haben zwar ihr Idealgewicht, aber die Zeiten von Kaufmann und Hary sind für sie ebenso unerreichbar wie schon weiland für mich. Sie werden eher mein Übergewicht erreichen, als dass sie jemals diese Zeiten knacken. Idealgewicht führt nicht zwangsläufig an die Weltspitze. Kurz, auf die Dauer ist es verlässlicher, Übergewicht zu bekommen, als gute Zeiten zu laufen, von Weltrekorden ganz zu schweigen. Mancher denkt sich vermutlich: Warum sich um Weltrekorde bemühen, wenn Übergewicht mühelos zu haben ist?

In seltenen Fällen allerdings gelingt beides: Die Gebrüder Klitschko wurden mit Übergewicht im Boxen ebenso Weltmeister, wie Matthias Steiner mit Übergewicht im Gewichtheben Olympiasieger wurde. Bravo, Kompliment und Bewunderung, aber Vorbilder sind sie für mich nicht. Ich habe nur deren Gewichtsklasse, aber ich hau mich nicht und mein Gewicht möchte ich in die Waagschale werfen und nicht hochreißen und stoßen. Doch wenn man damit Gold gewinnt, bitte. Gold in der Kehle finde ich trotzdem erstrebenswerter.

Aber Übergewicht ist generell überbewertet und deshalb gehe ich jetzt einfach zur nächsten Geschichte über.

Vielleicht noch so viel: Lieber schwer in Ordnung mit Übergewicht als leicht neurotisch mit Idealgewicht. Sport frei!

Als ich das schrieb, war ich im Winterurlaub. Es war sicher keine Freude, mich auf dem Skihang zu sehen, aber ich kam runter und freute mich des Lebens.

Hinterm Mond

Wenn segensreiche Erfindungen noch nicht überall bekannt sind, verlegen die Zeitgemäßen diese rückständigen Territorien gern hinter den Mond.

Abgelegene Gegenden, ländliche Regionen, rückschrittliche Gesellschaftsordnungen, aber auch traditionelle Trägheit bevölkern diese sprichwörtliche Rückseite des Mondes mehr, als es der Menschheit dienlich ist.

Segensfreie Erfindungen sind auch vor dem Mond reichlich vorhanden: in allen Regionen, Ordnungen und Unordnungen. Davon soll aber hier nicht die Rede sein, obwohl diese Erscheinungen dem Sänger hinlänglich bekannt sind.

Selbst Sieger sind manchmal hinterm Mond. Kolchosbauern, die in der Roten Armee ihren heroischen Dienst taten, staunten 1945 in der befreiten ostthüringischen Provinz über Wasserhähne und kommentierten diese verblüfft mit den Worten: »Wasser aus Wand?!« Steckdosen waren einigen ebenso neu wie Badewannen und Zentralheizung. Das Zentralkomitee war ihnen geläufiger.

Die ersten Flugzeuge über Papua-Neuguinea werden die Weltsicht der Ureinwohner stark beeinflusst haben. Die Fische der Weltmeere werden sich langsam an die U-Boote gewöhnt haben und fürchten sie vorerst weniger als Netze und Reusen. Ein bisschen wie ein Papua-Neuguineer fühle ich mich immer, wenn mir mein Sohn die Türen zum Internet öffnet.

Obwohl die Wirkungsweise einer Fotozelle auch längst im Ostblock bekannt war, vermutete sie nicht jeder in sanitären Einrichtungen. Mitte der achtziger Jahre hatte ein sächsischer Musiker auf einer westdeutschen Autobahnraststätte ein hanebüchenes Erlebnis. Er fand im Waschraum vor der Toilette am Wasserhahn keinen Hahn und kaufte sich vor lauter Verzweiflung eine Flasche Apollinaris, um sich die Hände zu waschen. Wenn dieser Musiker sich später eine Flasche Wasser kaufte, haben wir – noch Jahre danach – gefragt: »Na, Hände waschen?«

1988 fuhr ich mit dem Rundfunkblasorchester Leipzig zu einer Reihe von Konzerten nach Finnland. Der Rundfunksender Stimme der DDR hatte mit Radio Helsinki einen Freundschaftsvertrag, in dessen Rahmen es zu diesem Gastspiel kam. Die Weite des großen flachen Landes, die wenigen, aber anscheinend durchweg freundlichen Menschen, Sauna direkt neben einem der unzähligen Seen, das alles hat uns sehr beeindruckt. Von der Schönheit der Rundfunkansagerin von Radio Helsinki mal ganz zu schweigen. Im Hörfunk kam ihre Makellosigkeit nur nicht so recht zur Geltung; nachdem wir sie aber kennengelernt hatten, waren ihre Rundfunksendungen für uns eine Augenweide.

Freundschaftsverträge werden auch durch Freundschaftsgeschenke unterfüttert und so erkundigten wir uns vor der Abreise, womit wir den Gastgebern eine Freude machen könnten. Ein ehrlicher Mitarbeiter von Stimme der DDR sagte uns: »Die haben im Gegensatz zu uns alles, aber Alkohol ist dort zehnmal so teuer. Also nehmt ein paar Flaschen Wodka oder Korn mit und die freu'n sich ein Loch in den Bauch.« Genauso war es dann auch. *Unsere* Finnen waren lustvolle Trinker, jede neue Flasche, die wir aus unserem Gepäck holten, hielt der Tonmeister von Radio Helsinki beim Öffnen an sein Ohr, und wenn es dann klick machte und der Drehverschluss sich drehte, sagte er listig: »Stimme der DDR.« Es war die verführerischste Stimme der DDR, die je unsere Grenzen überschritten hatte.

Die Konzerte mit klassischer Unterhaltungsmusik fanden in Theatern, Kulturhäusern und Sportstätten statt. Im Festivalort Savonlinna konzertierten wir in einer romantischen Höhle 100 Meter unter der Erde. Alle hatten ihre Freude an den Veranstaltungen und den dazwischen liegenden Reisen, auf denen unsere finnischen Freunde von den »Stimmen der DDR« gar nicht genug kriegen konnten. Und selbst die gewöhnungsbedürftige finnische Sprache klang durch die Ansagen unserer »Augenweide vom Hörfunk« wie eine verführerische Mischung aus Italienisch und Französisch. Vor allem hat der Inhalt ihrer Worte nicht von ihrer Erscheinung abgelenkt. Der finnische Meerbusen assoziiert bei mir seither andere Bilder.

Eines der letzten Konzerte war in einem Trainingszentrum für finnische Wintersportler. Unsere Garderoben waren deren Umkleidekabinen. Nebenan gab es großzügige und moderne Wasch- und Duschräume mit großen Spiegeln an der Wand. Kurz vorm ersten Auftritt ging ich zu einem der großen Spiegel oberhalb der Waschbecken, um die damals noch reichlich vorhandenen Haare zu ordnen. Auf der gegenüberliegenden Seite der Spiegel waren komfortable offene Duschen mit einem sehr großen Duschkopf oben, aber auch seitlichen Düsen in großer Zahl.

Das Publikum sieht den Sänger in einer gewissen Entfernung, deswegen trat ich drei Schritte vom Spiegel zurück, um letzte Hand an die Frisur zu legen. Just in dem Augenblick hatte ich die Fotozelle der Duschanlage betätigt und das Wasser spritzte aus allen Duschen und Düsen auf meinen Smoking; meine Haare und selbst die Fliege haben von einer der seitlichen Düsen einen formvernichtenden Strahl abbekommen. In diesem Moment hieß es über die Lautsprecherhausanlage: »Herr Emmerlich bitte sofort auf die Bühne!« Es schien wie übertriebener Realismus, dass ich als begossener Pudel auch noch den »Wasserträger« von Isaak Dunajewski singen musste.

Fröhlich sind solche Ereignisse immer erst in der Erinnerung. Das Publikum, die schöne Ansagerin und die Musiker vom Blasorchester fanden es damals schon zum Schießen. Der eigene trockene Humor hatte in der momentanen Feuchtigkeit ein wenig gelitten.

8

Herzenssache

Wenn ich jeden Morgen kalt dusche, auch bei minus
20 Grad Celsius Außentemperatur, und anschließend
ein paar gymnastische Übungen mache, bleibe ich gesund
und werde alt. So dachte ich. Ansonsten habe ich bei den
alten Griechen mal gelesen, dass alles, was Freude macht,
nicht schadet.

Es gab viel, neben kalt duschen und gymnastischen Übungen, was mir im Leben Freude machte. Aber was wollten mir
die Vorfahren von Vicky Leandros mit dieser Weisheit sagen?
So richtig ungesund wird das erwiesenermaßen Ungesunde erst
dann, wenn uns bei dessen Genuss die lustvolle Hingabe fehlt.

Freudloses Eisbeinessen ist natürlich schädlicher als orgias-
tisch eine Schüssel Löwenzahnblätter zu schnabulieren. Der
missmutige Verzehr von Löwenzahnblättern kann allerdings
auch zum Herzinfarkt führen. Sogar ziemlich verlässlich.

Ob das nun heißt, dass der arglose und hingebungsvolle
Eisbeinesser das ewige Leben hat, vermag ich nicht zu sagen.
Einen Versuch wäre es allemal wert.

Eins steht fest: Wer da jung war, möchte gesund bleiben und
alt werden. *In* Alkohol hält sich organische Substanz endlos.
Es ist bedauerlich, dass der gleiche Effekt *mit* Alkohol nicht
zu erzielen ist. Da können wir uns beim Zuprosten noch so
viel Gesundheit wünschen.

Wenn mir eine Flasche mit alkoholischem Inhalt leer scheint, und der Strahl, der die Flasche verlässt, beginnt in Tropfen überzugehen, zähle ich diese und multipliziere sie mit einer Variablen, so dass es immer eine Zahl zwischen 87 und 100 ergibt. Höher gehe ich nicht, denn das Spiel soll ja einigermaßen realistisch bleiben. Bei gutem Rotwein kommen die meisten Tropfen, bis um die 30.

Da entscheide ich mich bei circa 20 Tropfen schon, dass ich mit drei multipliziere, in der Hoffnung, dass ich mindestens auf 30 komme. Ein bisschen Spannung muss sein. Habe ich Pech, komme ich nur auf 27. Das ergibt dann mal drei eine Prognose von 81. Wenn ich aber Armschmerzen nicht scheue und die Flasche länger halte, bringe ich es schon auf 30 Tropfen und erreiche somit mein gewünschtes Sterbealter = 90.

Dieses alberne Spielchen mache ich schon seit vielen Jahren. Natürlich nicht in der Öffentlichkeit – nur als stiller Zecher. Sonst könnte man ja fälschlicherweise denken, der Geiz ließe mich den allerletzten Tropfen aus der Flasche wringen. Bei deutschem Rotwein komme ich auf maximal 25 Tropfen. Da multipliziere ich eben mit vier und schwupps – werde ich 100.

2007, ich war noch nicht mal 63, hatte ich große Zweifel an der Verbindlichkeit dieser Prognose. Schon zu Weihnachten 2006 kämpfte der Weihnachtsmann mit Atemproblemen. Wie seit Jahren war ich mit einer meiner Lieblingsrollen an verschiedenen Spielorten unterwegs. Die Wohnzimmer sind am Heiligabend immer überheizt, dabei wäre Herzenswärme wichtiger und verringerte die Heizkosten. Die Kleidung des alten Herrn ist dagegen mehr dem kalten Winterwald angepasst. Da ich auch Kinder von Verwandten und Bekannten beschere, ist mein eigener grauer Bart verräterisch und so binde ich mir jedes Mal einen großen weißen Rauschebart obendrüber.

Die Hersteller dieser Bärte gehen offenbar davon aus, dass Weihnachtsmänner keine Großfresser sind (damit haben sie natürlich vollkommen recht), aber vielleicht denken sie sogar, Weihnachtsmänner werden synchronisiert. Sprechen und Atmen werden unter diesen Bedingungen zur Schwerstarbeit. Die Heiligen Abende in den Jahren zuvor habe ich trotz dieser Behinderung irgendwie gemeistert. 2006 aber bekam ich solch eine Atemnot und damit verbundene Platzangst, dass ich eine Bescherung kurz unterbrechen musste, um an der frischen Luft ebensolche zu holen. Seit einigen Monaten hatte ich schon Sodbrennen und seit ein paar Wochen Erkältungssymptome, die trotz entsprechender Behandlung blieben.

Da ich schon immer der Meinung war – und dies auch erfolgreich praktiziert habe –, dass ich Krankheiten mit starkem Willen bekämpfen kann, bin ich meiner Arbeit nachgegangen, habe etwas gegen das Sodbrennen genommen und alle möglichen Tropfen gegen die Erkältung. Auch die letzten Tropfen aus den deutschen und internationalen Rotweinflaschen. Es gibt einen spanischen Rioja, da entpuppt sich die Flasche als wahre Tropfsteinhöhle.

Im Übrigen dachte ich wie meine längst verstorbene Tante Anna: Es wird schon wär'n mit der alten Bär'n, mit der alten Born isses och gewor'n. Meine Frau hat die Situation realistischer eingeschätzt. Arztbesuche waren aber in meinem Kalender nicht vorgesehen.

Das Jahr 2007 begann mit einer Theatertournee, dazwischen Fernsehsendungen, anschließend Kirchenkonzerte mit einem neuen Programm. Das wollte erarbeitet sein. Danach Konzerte mit der Semper-House-Band und eine Europatournee mit dem Musical »Anatevka«, auf die ich mich besonders gefreut habe. Im März war auch noch der unaufschiebbare Erscheinungstermin meines ersten Buches und die letzten Seiten waren noch nicht geschrieben.

Männer sind generell nicht scharf auf Arztbesuche. Und ich hatte schon gar keine Lust auf lebensbedrohliche Diagnosen. Meine Frau ließ nicht locker und machte einen Arzttermin zwischen Bucherscheinen und »Anatevka«-Tournee fest. Da waren noch zwei freie Tage. Eigentlich nur einer, der zweite war Anreisetag zum Probenort. Na gut, dachte ich, wenn es sie beruhigt, gehe ich eben zum Onkel Doktor, der will auch leben. Bei dieser Feststellung schaute ich auf die Zigarettenschachtel und dachte, wie schon so oft: Irgendwann höre ich damit auf. Mein Sohn hatte mich schon Jahre davor besorgt und ebenso sarkastisch gefragt, ob bei meinen Karriereplänen das Dresdner Herzzentrum ein so erstrebenswertes Ziel sei. »Deine Art zu leben führt dort zwangsläufig hin«, sagte er traurig und warnend. Ich solle doch wenigstens mit dem Rauchen aufhören. Ich versprach's, verwies aber auf Enrico Caruso, der gesagt haben soll: »Einem guten Sänger schadet's nicht und einem schlechten nützt's auch nichts, wenn er nicht raucht.«

Die Komik dieser Bemerkung verraucht im Nu, wenn man bedenkt, dass Caruso an Lungenkrebs gestorben ist. Das habe ich natürlich meinem Sohn verschwiegen und mir die allervorletzte Zigarette angebrannt.

Wie gut, dass ich ihm irgendwann mal gesagt habe, ich sei fehlerhaft und es sei nicht Bestandteil meiner Erziehung, in allen Belangen ein Vorbild sein zu können. Dank dieses pädagogisch wertvollen Hinweises raucht er nicht und geht ins Fitnessstudio. So kann auch das schlechte Vorbild den richtigen Weg weisen.

Mitte März bekam ich eine Einladung zur »NDR Talk Show«. Dort habe ich, ohne mir darüber im Klaren zu sein, meine letzte Zigarette im Fernsehen geraucht. Mittlerweile ist das generell nicht mehr gestattet. Helmut Schmidt, der Altkanzler, ist der Letzte der Mohikaner. Indianer lassen sich nichts verbieten. Und die Stammesältesten sollten wir mit Respekt behandeln. Seine Weisheit beschränkt sich ja nicht auf diese Rauchzeichen.

Mit einigen militanten Nichtraucherbriefen habe ich nach dieser Talkshow gerechnet und bekam sie auch. Anschließend fuhr ich zur Leipziger Buchmesse. Das erste Mal auf einer Buchmesse mit einem eigenen Buch ist schon was Besonderes. Publikum bin ich gewohnt, aber zwischen all den ehrwürdigen Dichtern, Denkern, Verlegern und Lesern kommt sich der Sänger als Autor ziemlich verlassen vor. Die vielen Leute, die zu meiner Lesung kamen, und ihre wohltuenden Reaktionen haben bei mir ein gewisses »autorisiertes« Wohlgefühl aufkommen lassen. Die Freude, die ich beim Schreiben hatte, teilten die Zuhörer mit mir. Dieser Tag hatte es in sich. Insgesamt 18 Termine: Lesungen, Fernseh-, Rundfunk- und Zeitungsinterviews haben neben den Erfreulichkeiten dieses Tages doch viel Kraft gekostet, denn nach der »NDR Talk Show« bin ich von Hamburg nach Berlin zu Hans-Dietrich Genschers achtzigstem Geburtstag gefahren und von Berlin kommend erst morgens auf der Buchmesse eingetroffen. Am nächsten Morgen Orchesterprobe in Frankfurt am Main. Abends großes Opernkonzert.

Meine Frau bestand darauf, dass ich Tage zuvor wenigstens schon mal zum Röntgen ging. Sie stellten fest, dass ich ein Herz habe. Das bestätigte meine Vermutung, aber ich dachte immer, es sei gut, also auch in Ordnung. Aber das sind offenbar zwei Dinge. Genauere Untersuchungen sollten Licht ins Dunkel der Herzkammern bringen. Nach dem Opernkonzert aber noch zwei Konzerte mit der Semper-House-Band im Konzerthaus Berlin und in Bad Kissingen. Das neue Kirchenkonzert hatte 14 Tage davor Premiere. Es war nicht nur gottgefällig, sondern es gefiel auch den Leuten. Sechs Folgekonzerte kosteten Kraft, aber das war ja nie mein Problem gewesen.

Journalisten stellen gern die Frage nach der größten Stärke. Meine regelmäßige Antwort: »Ich bin belastbar wie ein Esel.« Das Belastungs-EKG sprach eine andere Sprache und mit den Bildern, die Dr. Spitzer mit seiner kleinen Kamera von meinem Herzen machte, stand fest: Der Esel war mit seiner Belastbarkeit am Ende. Das Gesicht von Dr. Spitzer jedenfalls verhieß nichts Gutes.

Von diesem Augenblick an wurde ich behandelt wie einer, um den es schlecht steht. Ich durfte nicht mehr nach Hause, bekam ein Zimmer im Städtischen Krankenhaus Dresden-Neustadt und musste mich sofort hinlegen. Meine Frau bekam für die folgende Nacht das Nebenzimmer. Wenn plötzlich ein Pfarrer dagestanden hätte, um mir die »Letzte Ölung« zu geben, es wäre nicht verwunderlich gewesen. Wenn schon evangelisch, dann wenigstens katholisch sterben. So viel Ökumene muss sein. Ein dürftiges Abendbrot mit einem Tee, der die weite Reise nach Indien nicht wert war, beendete diesen Tag. Die Tropfen, die als letzte die schlichte Teekanne verließen, hätte ich mit 50 multiplizieren müssen, um auf 100 zu kommen. Die kommende Nacht hatte so nichts von der Romantik, die ich so oft gefühlt und besungen. Der nächste Morgen brachte letzte Klarheit über meine Situation.

Nach einem kargen Frühstück im Bett wurde ich in einen Rollstuhl gesetzt, der in einen Erste-Hilfe-Bus geschoben wurde. Meine Frau zu meiner Linken und eine Ärztin mir gegenüber, die mich schweigend nicht aus den Augen ließ, bis wir vor der Rezeption des Dresdner Herzzentrums hielten. Dort mit Rollstuhl in den Fahrstuhl in ein anderes Zimmer. Es war eine Fahrt mit viel Gedanken und noch mehr Schweigen.

Beim Abschied soll man sich nicht umdrehen, denn dies verheißt nichts Gutes. Nach einer langen Umarmung ging ich zum Fenster des neuen Zimmers und sah auf den weiträumigen Innenhof der Klinik. Die Tür fiel ins Schloss und ich war allein – sehr allein. Meine Frau sah ich nun aber doch, wie sie über den großen Innenhof zur Straßenbahnhaltestelle ging. Ich ließ das Fenster zu. Das waren zwei lange Minuten, die ich ihr hinterhersah. Seit meiner Kindheit habe ich nicht so geweint.

Über die Ganzkörperrasur, die von einer zur Krankenschwester umgeschulten Sängerin vorgenommen wurde, will ich mich nicht länger auslassen. Die ehemalige Kollegin hat sympathische Normalität walten lassen, aber ich habe mich noch nie in meinem Leben so nackt gefühlt. Bartträger empfinden das wohl als noch entblößter als andere. Es hat aber auch eine gewisse Komik, wenn man an allen infrage kommenden Stellen rasiert wird und sich dabei über »Figaros Hochzeit« und den »Barbier von Sevilla« unterhält.

Am 28. März, dem Geburtstag meiner Frau, wurde ich operiert. Bei der Operation war ich anwesend, kann aber dennoch nichts darüber erzählen. Die Narkose ist ein zutiefst undemokratischer Vorgang, weil dadurch das Mitspracherecht geradezu ausgeschlossen ist. Aber wer weiß, wofür es gut war. Jedenfalls haben Dr. Matschke und seine Heerscharen mich ein zweites Mal das Licht der Welt erblicken lassen. Meine Frau und ich, wir haben jetzt beide am 28. März Geburtstag. Ein Hoch der Medizin und den Medizinern. Vor fünfzig Jahren wäre ich an dieser Herzproblematik gestorben. Vom wieder ganzen Herzen Dank!

Meine Unvernunft hat deren gute Arbeit aber beinahe zunichte gemacht. Auf eigenen Wunsch habe ich mich nämlich reichlich eine Woche nach der Operation in die Rehaklinik nach Bad Gottleuba begeben. Durch solche Terminvorverlegungen hoffte ich, den Heilungsprozess beschleunigen zu können. Nach zehn Tagen Bad Gottleuba bin ich in die ambulante Reha nach Dresden gegangen. Meine Ungeduld setzte einen Aktionismus in Gang, der lebensgefährlich wurde.

Die »Anatevka«-Tournee hatte mittlerweile begonnen. Toni Marschall übernahm dankenswerterweise die Rolle des Tevje, eine meiner Lieblingspartien. Toni war nicht sauer, denn der Tevje ist mehr und mehr auch seine Lieblingsrolle geworden.

Ich wollte unbedingt wieder auf die Bühne und wusste auch mit mir in der Untätigkeit nicht viel anzufangen. Ich hatte keinen Plan B. Ich weiß nicht, ob sich Esel ohne Gepäck auch so blöd vorkommen.

Zwei Skatabende habe ich organisiert, einen beim Chefarzt mit seiner lieben Frau und einem Kollegen und einen zweiten mit Kammersängerfreunden, die mich mit meinem Pianisten besuchten. Es war mein erster Skat ohne Bier und Zigaretten. Gewöhnungsbedürftig, aber machbar.

Am 26. März 2007 habe ich die letzte Zigarette meines Lebens geraucht. Dass meine Leidensgenossen in der Intensivstation Nichtraucher waren, bringt mich von diesem Vorsatz nicht ab. Die Summe aller Laster ist gleich. Vielleicht haben sie in ihrem Leben mehr Eisbein mit schlechtem Gewissen gegessen.

Viele liebe Menschen waren rührend um mich bemüht. Allen voran natürlich meine Familie. Geistig und motorisch war ich noch auf Zeitlupe programmiert. Ich wollte aber Ablenkung von den dunklen Gedanken durch Reden. Lesen ging gar nicht. Das eigene Schicksal hat das Interesse an Romanhelden kurzzeitig verschwinden lassen. Mit meinem Redebedürfnis habe ich das medizinische Personal wahrscheinlich überfordert. Höflicherweise haben sie dies später abgestritten. Bei aller künstlerischen Bescheidenheit: Der Sänger Emmerlich ist allemal erträglicher als der gleichnamige Patient.

Karl Dall hatte in und um Dresden herum zu tun und wollte mich in der Reha besuchen. Was viele vielleicht nicht ahnen, er hat ein gutes Herz – wohl auch chirurgisch. Hier sah ich die Möglichkeit, mir selbst etwas zu beweisen und dem medizinischen Personal und den Mitpatienten gleichzeitig eine Freude zu machen. Wir organisierten im Kultursaal der Rehaklinik eine kleine Talkshow mit anschließender Lesung. Karl hatte auch gerade ein Buch veröffentlicht. Doppelsinnigerweise unter dem Titel »Auge zu und durch«.

Obwohl noch geschwächt, habe ich es sehr genossen, wieder einmal vor Leuten zu stehen. Jedenfalls schöpfte ich

Mut, weitere Aktivitäten in Angriff zu nehmen. Augen zu und durch. Die Einzahl ist komischer – aber auch nur bei Karl. Vielleicht noch bei Mosche Dajan und Admiral Nelson.

Knapp vier Wochen nach der OP bin ich zu Johannes B. Kerner gefahren. Dieser Termin war schon vor Monaten mit meinem Verlag abgesprochen. 500 Kilometer mit dem Pkw, wenn auch nur als Beifahrer.

Das Studio im zweiten Stock, so kam es mir vor, es war aber im ersten. Die Stufen und der menschenvolle Raum haben mir den Atem genommen. In solchen Momenten tut tief durchatmen gut. Das war aber leichter gedacht als getan. Da nimmt man gemeinhin das Herz in beide Hände, aber da gab's noch Berührungsängste. Also dreimal nicht ganz so tief durchgeatmet und berufsmäßiges Zusammenreißen. Das half über die ersten kritischen Minuten hinweg. Dann im Gespräch ging's.

Reinhard Mey, der zu den Talkgästen gehörte, hat mich wie einen verwundeten Kriegskameraden in den Arm genommen. Johannes B. war nett wie immer. Das half.

Eine reichliche Woche später habe ich live in der ARD eine Zweieinhalb-Stunden-Sendung moderiert. Co-Moderator war Prof. Hademar Bankhofer, der Medizinjournalist mit Fern(seh)diagnose. Ich hatte ihn nah bei mir, was sollte da schiefgehen. Der unruhige Geist wollte das alles und der Körper gab untrügliche Signale, dass er es nicht wollte.

Danach wieder drei Tage ambulante Reha. Den nicht ganz so günstigen Eindruck, den ich dort machte, versuchte ich verbal zu überspielen. Da habe ich berufsbedingte Vorteile.

Dr. Charier war schon von meiner Hamburg-Reise nicht begeistert. Er riet mir ab, den Tevje zu spielen. Ich riet mir zu.

Rote Blutkörperchen und Schlaf waren Mangelware. Wasser in der Lunge gab es reichlich. Meine Gesichtsfarbe passte zum Stück, zur Zeit und zur Gegend: »Anatevka«, 1905, Weißrussland.

Im Stück hält Tevje oft Zwiesprache mit dem lieben Gott. Wenn er sich mit ihm eins glaubt, stellt er diese Übereinkunft durch andere Überlegungen gern in Frage. Auch eigene Erkenntnisse. Solche Sätze beginnen dann mit dem für ihn typischen »Andererseits...!« Der liebe Gott gab mir einerseits deutliche Signale, meinen Körper zu schonen – andererseits glaubte ich, durch Arbeit die Heilung beschleunigen zu können. Ich dachte, der Tod vermutet dich im Bett und nicht auf der Bühne.

In der Zeitung »Rheinpfalz« stand unter der Überschrift LEBENDIG UND UNTER DIE HAUT GEHEND: »Gunther Emmerlich, gerade genesen von einer Bypassoperation, ist die Rolle des Tevje auf den Leib geschrieben. Sein nicht umzubringender Optimismus ist deckungsgleich mit dem des Tevje. Weswegen die Figur des Milchmanns in all ihrer Gegensätzlichkeit als völlig einheitlich wirkender Mensch erscheint.«

Die Krankheit hat offenbar der Rolle gutgetan. Mir nicht. Erkältungen und andere kleine Wehwehchen habe ich schon oft weggedrückt, wenn sie nicht in den Terminkalender passten. Hier waren der vermeintliche Druck des Terminkalenders und die totale Überschätzung der eigenen Leistungsfähigkeit die denkbar schlechtesten Ratgeber.

Die letzte Aufführung war im luxemburgischen Esch-sur-Alzette. Dann kam aber noch, seit langem geplant, »Die schöne Magelone«, dieser wunderbare, leicht verkitschte, aber dennoch herrlich romantische Liederzyklus. Aufführung mit den hinzugereisten musikalischen Freunden aus Deutschland am Tag nach der »Anatevka«-Tournee. Diese »schöne Magelone« hat mir alles abverlangt, wie es sonst keine Schöne vor Jahrzehnten je vermochte.

Mit meinen Freunden bin ich am nächsten Morgen von Luxemburg nach Dresden gefahren. Obwohl ich mit Engelszungen und göttlichen Streicheleinheiten in der Nackengegend verwöhnt wurde, hatte diese Fahrt so nichts Himmlisches. Im zu kleinen Auto stieß ich allerdings mit dem Kopf an dessen Himmel. Im Nachhinein könnte man sagen, dieses zarte Anklopfen hat dort keiner vernommen. Gott sei Dank.

Ich erzähle keine weiteren Details. Der einhellige Tenor der Dresdner Ärzte und Schwestern war: »Das hätte dumm ausgehen können.« Die mütterlichste unter den Schwestern fügte noch hinzu: »Sie machen aber auch Sachen…« Und ich möchte geradezu missionarisch beschwörend sagen: Völker, hört die Signale, auch die, die der Körper uns gibt.

Schon König Salomo sagt: »Ein Jegliches hat seine Zeit.« Das gilt auch für die Zeit der Genesung.

Bässe waren offenbar in den himmlischen Chören reichlich vorhanden und so hat Er mir meinen irdischen Aufenthalt noch mal verlängert. Andererseits … es hätte auch schiefgehen können. Wenn ich noch ein paar Jährchen bleiben dürfte und meine Stimme dann den himmlischen Anforderungen nicht mehr gerecht würde – ich ließe mich da oben auch für leichte Gartenarbeit einteilen. Wer bei dieser Arbeit singt, stößt auf gnädige Ohren. Schlimmstenfalls sagen sie dann: »Aber er ist ein guter Gärtner.«

9

MEINE SCHWIEGERMUTTER

Meine Schwester hat nach Kräften die Rolle einer Schwiegermutter für meine Frau übernehmen wollen, denn eigentlich hatte Anne durch den frühen Tod meiner Eltern nie Schwiegereltern.

Das Jawort vor dem Altar oder im Standesamt gibt der Mensch de jure der (dem) Auserwählten. De facto einer ganzen Sippe. Das kann ein Segen sein, aber auch ein Fluch. Meistens ist es beides. Die familiäre Mitgift meiner Frau betrug: eine Schwiegermutter, eine Schwägerin und einen Schwager. Eigentlich hatte ich das Jawort nur meiner Frau gegeben. Aber – siehe oben.

Was meine Schwägerin mit ihren Tassen in ihrem Schrank macht, ist ihre Sache. Ich würde ihr welche besorgen, wenn sie nicht mehr alle im Schrank hätte. Aber meine Tassen in meinem Schrank sind meine Sache – auch wenn ich keine mehr im Schrank hätte. Natürlich kann sie aus unseren Tassen gerne trinken, was der Vorrat hergibt. Aber – und jetzt kommt's:

Wir waren noch nicht lange verheiratet, gewissermaßen in den Flitterwochen, da kam meine Schwägerin zu Besuch. Sie arbeitet auch am Theater, also gibt es immer ausreichend Gesprächsstoff. Spülmaschinen gab's noch nicht, das Gemeinschaftsfördernde einer guten Mahlzeit wurde durch den gemeinsamen Abwasch verlängert. Ein gutes Essen ist auch nach dem Verzehr noch ein schönes Thema und das Theater sowieso.

Die Weingläser waren noch nicht zum Abwasch freigegeben, denn die Flasche war noch viertelst voll. (Diese Formulierung ist der höchste Ausdruck von unverbesserlichem Optimismus.) Plaudernd trocknete die Schwägerin die Tassen vom Frühstücksservice ab und stellte sie in irgendeinen Schrank, irgendwohin. Freundlich auf einen ganz bestimmten Schrank zeigend, in dessen Regal seit einigen Flitterwochen unsere Tassen ihre Heimstatt gefunden hatten, auf dass wir sie auch immer dort finden, sagte ich: »Die Tassen kommen dorthin.« Darauf meine Schwägerin: »Das musst du schon mir überlassen, wo ich die Tassen hinstelle.«

Die Weinflasche und auch die Gläser waren mittlerweile voll leer. Gläser polieren ist das Aufwendigste am Abwasch, aber ich habe es gern übernommen, denn ich wollte deren Verbleib nicht auch noch der Schwägerin überlassen.

Ansonsten ist sie ganz nett, die Schwägerin, aber in dem Moment wusste ich, zu was alles man vor dem Traualtar Ja und Amen sagt.

Mein Schwager hat Mathematik studiert, ist aber ansonsten ein angenehmer Zeitgenosse. Die Tatsache, dass er 500 Kilometer von Dresden entfernt siedelt, steigert die Freude auf ein gelegentliches Wiedersehen ungemein.

Als ich aus der Mutter meiner Frau meine Schwiegermutter machte, war sie jünger als ich jetzt – aus meiner damaligen Sicht eine alte Frau. Sie arbeitete noch als Sekretärin in einem Leipziger VEB-Chemiekombinat. Zu ihrem sechzigsten Geburtstag waren viele Kolleginnen geladen. Unter lauter Sekretärinnen war meine Schwiegermutter der Chef. Der Wohnzimmerstuhl, auf dem sie saß, wurde durch ihre Art, die Zigarette zu halten, und durch das Huldvolle oder Missbilligende in ihrem Blick zum Thron. Sie residierte im Leipziger

Arbeiterviertel Schönefeld, in einer Mietskaserne der Kaiserzeit im zweiten Stock.

Ihr Mann, der mein Schwiegervater hätte werden sollen, war wenige Jahre vor meinem Eintreffen in Schönefeld verstorben. Meine Frau sagt oft: »Ihr hättet euch blendend verstanden.« Sein Bild hängt in ihrem Arbeitszimmer. Sie liebt und verehrt ihn bis zum heutigen Tag.

Die hohe Bildung meiner Schwiegermutter erklärt sich nicht nur aus der Tatsache, dass ihr Mann Lehrer war. Sie selbst war auch einige Zeit im Schuldienst. Wer residieren will, muss den Überblick haben. Den hatte sie. Sie kannte sich aus mit Goethe und Mozart, Theater, Geographie und Geschichte. Als ihr Mann starb, musste man ihr allerdings zeigen, wo der Keller ist. Dieses unterste Geschoss mit den Kohlen, Gerätschaften, Fahrrädern und Spinnen hatte sie zu seinen Lebzeiten nie betreten. Dem Oberhaupt war die Unterwelt fremd.

Das Bild vom Vater meiner Frau, das in ihrem Arbeitszimmer hängt, strahlt eine so prinzipielle Freundlichkeit aus, dass der Fotograf mit Sicherheit nicht »Bitte recht freundlich« sagen musste. Dieser Wesenszug bestimmte offenbar seine Gesichtszüge. Der Mathematiker kommt sehr nach seinem Vater, meine Frau nicht nach ihrer Mutter. Auf deren Bildern findet man, wenn überhaupt, ein Lächeln voller Huld und Gönnerhaftigkeit. Noch bevor der Fotograf irgendetwas sagen konnte, hat sie vermutlich ihm und der ganzen Situation so wenig Freude abgewinnen können, dass dieser den Auslöser blitzartig betätigte. Und so sehen sie auch aus, die Bilder.

Es gibt allerdings ein Bild von ihr, da war sie 16 oder 17 Jahre alt. Das ist bezaubernd schön. Das formuliere ich nicht so, weil ich gerade mit Mozarts »Zauberflöte« unterwegs bin. Tamino könnte tatsächlich mit diesem Bild in der Hand seine berühmte Arie singen. Dabei liegt es nicht nur am Liebreiz der jungen Jahre, sondern es ist darüber hinaus voller Wärme und Herzlichkeit. Das war vor siebzig Jahren. Was mag in der Zwischenzeit alles geschehen sein, das ihre Bilder so grundlegend verändert hat? Sie liegt abgemagert auf dem Bett ihres Zimmers im Pflegeheim, schaut auf das Bild, ohne sich zu erkennen, und sagt: »Schön, dass sie hier in der Nähe wohnt.«

Der Krieg hat ihr auch die Flitterwochen zerstört. Das erste Kind, im Fronturlaub 1943 gezeugt, starb noch als Baby. Irgendwann erzählte sie mir, dass sie Wochen nach dem Tod des Kleinen seine Handabdrücke an der Wohnzimmertür gesehen hat. Dieses Bild trägt sie im Herzen. Ihr Mann kam spät aus der Gefangenschaft und starb zu früh.

Ich glaube, all dies und was auch immer noch hat ihr viel Fröhlichkeit genommen, obwohl sie noch drei Kindern das Leben schenkte.

1983 zog sie zu uns nach Dresden und wir genossen alle Vorteile eines Drei-Generationen-Hauses. Sie hatte eine separate Wohnung und sagte, dass es ihr noch nie so gut gegangen sei. Sie residierte nach wie vor, nun gar in der Landeshauptstadt. Ihr Wohlgefühl und ihre damit verbundene Dankbarkeit haben weichere Züge bei ihr deutlich werden lassen. Das sprichwörtliche »sich aufopfernde Großmütterchen« war sie nie, aber man konnte gut mit ihr unter einem Dach leben. Schließlich waren wir ihr sehr dankbar, wenn sie bei unserer Abwesenheit das Haus und die Kinder hütete. Da war sie verlässlich und unerlässlich. Auch ihr Selbstbewusstsein, ihre Bildung und ihre Kochkunst haben unseren Kindern gutgetan.

Als die Kinder aus dem Haus waren, blieb sie allein. Wir knüpften Kontakte und organisierten Zufälligkeiten. Wir kümmerten uns um Gesellschafter(innen). Es war aber schwer, Menschen zu finden, die es ihr recht machten und ihren Ansprüchen genügten. Wir versuchten sie einzubeziehen, aber sie zog sich zurück. Sie residierte, rauchte und sah fern. Sie führte ein selbstbestimmtes Leben, das mit anderen nicht viel zu tun hatte. Unsere offene Tür und unsere ausgestreckten

Arme ignorierte sie zusehends. Vornehmlich meine Frau stand ihr liebevoll, aber ungebeten zur Seite und stellte dabei altersbedingte kleine Vergesslichkeiten fest. Als sie sich beim Besuch eines nachbarlichen Kinderfreundes meiner Tochter überhaupt nicht mehr an ihn erinnern konnte – er verkehrte über Kinderjahre bei uns im Haus und also auch bei ihr –, wurden wir stutzig. Auch über diverse Eselsbrücken fand sie keinen Zugang zu diesem jungen Mann. Wochen später hatte unser Sohn Johannes Geburtstag. Die Geburtstagsfrühstückstische sind bei uns die üppigsten des Jahres. Und es gab wie immer an besonderen Tagen unter vielem anderen nicht nur das normale Frühstücksei, sondern hart gekochte, besonders kredenzte Eier, wie sie mein Vater gern aß. Das heißt: Acht-Minuten-Eier abschrecken, schälen, halbieren, das jeweils halbe Eigelb rausnehmen und in die sich dadurch ergebende Vertiefung leicht verdünnten Essig mit einem Spritzer Öl gießen. Das halbe Eigelb auf die Kante des halbierten Eis legen, mit Salz, Pfeffer und ein wenig Senf würzen. Das Ganze im Teelöffel anrichten und mit einem Happs in den Mund, dazu ein frisches Butterbrötchen. Sehr sauer und dennoch eine Freude, Fortsetzung nach Belieben. »Sauer macht lustig« heißen bei uns diese Eier. Obwohl wir an besonderen Tagen zum Frühstück immer diese sauren Dinger essen, fragte meine Schwiegermutter, was das sei. Das Wohlvertraute war ihr fremd.

Die Zigarette nach dem Frühstück, die ich als ehemaliger Raucher am meisten vermisse, hatte sie an diesem Morgen schon zwischen den Lippen, doch noch ehe ich ihr Feuer geben konnte, hat sie sie wieder auf den Tisch gelegt. Sie hat diese nicht und auch keine andere je mehr geraucht. Sie hat vergessen, dass sie geraucht hat. Sehr viel geraucht hat. Die einzige positive Begleiterscheinung einer beginnenden furchtbaren Krankheit.

Untersuchungen ergaben, dass meine Schwiegermutter an Alzheimer erkrankt war. Medikamente können die Krankheit nicht stoppen. Die Fürsorge und Vorsichtsmaßnahmen kosteten mehr und mehr Zeit, Geduld und Mühe. Durch meine berufsbedingte Abwesenheit hat vornehmlich meine Frau mit bewundernswerter Kraft und Liebe diese Last getragen.

Meine Schwiegermutter verließ zum Beispiel das Haus ohne Ziel und Orientierung. Um dies zu verhindern, brachten wir an der inneren Haustür laute Klingeln an, die beim Öffnen der Tür deutlich im Haus zu vernehmen waren. Als ein Brand in letzter Minute verhindert werden konnte, mussten wir alle elektrischen Geräte in ihrer Wohnung entfernen.

Die Dinge des Lebens regelten wir für sie. Die Krankheit meiner Schwiegermutter zehrte an uns und wohl noch mehr an meiner Frau. Es ist unbeschreiblich, die eigene Mutter in ein erinnerungsloses Land gehen zu sehen, und nichts und niemand kann sie aufhalten. Die nötige Fürsorge wurde immer aufwendiger.

Bevor meine Frau mit ihren Kräften am Ende war, musste eine Regelung gefunden werden, um der Kranken zu helfen und um Gesunde nicht krank werden zu lassen. In solchen Momenten gibt es keine Entscheidung, die vielleicht allgemeine Zufriedenheit herbeiführen könnte. Richtige Entscheidungen sind oft schmerzlich. Da dem Kranken seine Situation nicht bewusst ist, sind bei dieser Krankheit die Angehörigen die Leidtragenden.

Nach Jahren der bis an die Grenze gehenden familiären Fürsorge organisierten wir den Umzug meiner Schwiegermutter in ein gut geführtes nahe gelegenes Heim. Alle Familienmitglieder besuchen sie regelmäßig. Sie erkennt uns nicht mehr alle. In ihrem Sohn, der auch äußerlich ihrem längst verstorbenen Manne gleicht, erkennt sie ihren Mann. Der starb in einem Alter, in dem sich der Sohn jetzt befindet. Ich singe ihr manchmal etwas vor, da huscht ein Lächeln über ihr Gesicht. Sie schwankt oft, ob ich ihr Schwiegersohn oder

der Mann aus dem Fernsehen bin. Mein Eindruck ist, dass sie sich über den Besuch des Fernsehfritzen mehr freut.

Sie spielt mit Landschafts- und Blumenbildern – und dem Bild, auf dem sie 16 oder 17 Jahre alt ist. Sie sagt nach wie vor, dass dieses Mädchen in ihrer Nähe wohnt. Sie fürchtet, bald umziehen zu müssen, nach Bremerhaven. Dort lebte meine Schwiegermutter in jungen Jahren.

Das Heim befindet sich nahe der Elbe. Neulich habe ich sie gefragt, ob sie denn auch manchmal zur Elbe geht. Daraufhin sagt sie: »Ich kenne den Herrn nicht.«

Ich bin froh, dass sie mich noch erkennt, als wen auch immer.

10

UNSER HAUS

Wenn mein Geburtsort Eisenberg im thüringischen Holz-land eine Staatsoper gehabt hätte, ich wäre möglicher-weise dort geblieben. Sie stünde dann sicher in der Nähe des stattlichen Hauses, das mein Großvater 1912 bauen ließ. Nun hat diese stattliche Stadt nicht mal ein Stadttheater und so zog es mich in die vormalige Residenzstadt, spätere Bezirks-stadt und heutige sächsische Landeshauptstadt Dresden. Als die dortige Staatsoper noch im Großen Haus, dem Dresdner Schauspielhaus, untergebracht war, wohnte ich zunächst in einer möblierten Kammer in der Bernsdorfer Straße. Später spärlich eigenmöbliert zur Untermiete in der Zwick-auer Straße. Als man in den späten siebziger Jahren begann, die im Krieg zerstörte Semperoper wieder aufzubauen, zog ich in die AWG-Platte nach Dresden-Laubegast. Durch die Halbierung meiner ersten Ehe kam ich in eine Kellerwohnung im Dresdner Stadtteil Wilder Mann. Für einen Junggesellen durchaus passend. Nicht nur die Feten waren dort feucht-fröhlich, sondern dummerweise auch die Wohnung. Diese Behausung passte zwar zum damals einzig vorrätigen Sekt – Grand Mousseux halbtrocken –, doch ich sehnte mich nach dem Trockenen. In der Oper fingen sie damit an, das Bühnen-haus zu restaurieren, und so war dort Trockenheit von unten und oben schon gewährleistet.

Auf dem Weißen Hirsch stand in einer neoklassizistischen Villa eine baupolizeilich gesperrte Mansardenwohnung leer. Die war wenigstens von unten trocken. Die Schauspielerin Anne, zu der ich heute Ännchen sage, wohnte im Erdgeschoss dieser Villa und gab mir den Tipp. Ich zog schwarz ein und bekam auch prompt eine Räumungsklage. Der Vater der Familie, die im ersten Stock wohnte, hatte sie forciert, aber die Attacke ging ins Leere, denn ich hatte aus Anne mein Ännchen gemacht und wohnte nun im von unten und oben vorerst trockenen Erdgeschoss.

Dass die Villa in einem bedauernswerten Zustand war, interessierte mich in den Flittermonaten nicht im Geringsten, zumal sie so auch harmonisch ins ruinöse Land passte. Aber irgendwann wurden die immer größer werdenden Schäden lästig. Der Putz fiel von den Außenwänden, im Keller wurde es feucht und feuchter und in die weiterhin baupolizeilich gesperrte Mansardenwohnung regnete es immer heftiger rein. Eimer und Schüsseln verhinderten, dass sich das Wasser im Haus andere Wege suchte. Der hundert Jahre alte Schiefer auf dem Dach zerkrümelte, sodass es immer mehr Schüsseln und Eimer bedurfte.

Der Generalsekretär und Staatsratsvorsitzende war zwar gelernter Dachdecker und hatte auch mal die Parole »Dächer dicht« rausgegeben, aber er hat nicht gesagt, womit und mit wem und wann. Schiefer jedenfalls gab's gar nicht und die Schindeln aus Dachpappe, Preolit genannt, gab's, wenn überhaupt, nur durch Beziehungen – Vitamin B genannt. Trotz der Aktion »Dächer dicht« hatte man irgendwann den Eindruck, alle Dächer der DDR waren entweder undicht oder mit diesem Preolit-Zeug gedeckt, das selbst für Geräteschuppen ein Provisorium darstellte. Wenn der liebe Gott beim göttlichen Blick auf seine Schöpfung mal die Orientierung verloren hätte, wären die Sahara und die DDR sichere Anhaltspunkte gewesen.

Es gibt die Legende, dass dieses Haus, in dem wir heute noch wohnen, für eine Mätresse des Sächsischen Königshauses gebaut wurde. Sie ward schwanger und so ließ man für sie ein bürgerliches Schloss bauen. Ebendiese »Villa Maria«. Das danebenstehende Gesindehaus mit Pferdestall und Pferdekutschengaragen nährt diese Mär. Jedenfalls erzählt man sich, dass das schöne Wesen 1879 dieses Anwesen auf dem Weißen Hirsch bezog und somit das süße Geheimnis vom Schlosse ausgeschlossen war. Es stand auch in einer damals verschwiegenen Gegend, denn es war das erste Haus auf diesem Teil des Elbhanges. Ob sie das nun als Glück oder Unglück empfand, ist nicht überliefert. Immerhin hat die Unmoral des Sächsischen Hofes eine gewisse materielle Fürsorge walten lassen. Wenn es überhaupt stimmt. Der weitere Verbleib dieser Dame samt Halbprinz(essin) liegt im Dunkeln.

Wer weiß, ob August der Starke mit all den Müttern seiner mindestens zweihundertfünfzig Kinder so fürsorglich umgegangen ist. Nach dieser sagenumwobenen Gründerzeit war eine Weißnäherei im Haus, die auch den Hof belieferte. Die Besitzerin hieß Maria Rink. Inwieweit sie nun für den Namen der Villa Maria verantwortlich war – im schmiedeeisernen Tor sind deutlich ein M und ein R zu sehen – oder ob sie gar mit einem der Wettiner einst unter einer weißen Decke steckte, ist nicht gewiss. Wenn dem aber so gewesen wäre, würde ich schon ganz gern wissen wollen, wie ihr zumute war, wenn sie feine weiße Bettwäsche für den Sächsischen Hof nähte. Weißknöpfchen! M.R. könnte dann auch »mon roi« heißen. Mein König – wer weiß.

Als wir die Schüsseln und Eimer in die Mansardenwohnung stellten, gab es schon lange keine Mätressen mehr, aber die kommunale Wohnungsverwaltung KWV. Der damalige Besitzer der Villa hatte sie in Ermangelung von Jugend (er ging auf die achtzig zu), Material und Handwerkern dieser KWV zur Verwaltung übergeben. Für Besitz hatten die Volkseigentümer nie einen Sinn. Selbst wenn sie die Besitzer waren, kümmerten sie sich nur kümmerlich. Die Villa Maria wurde unter der Rubrik »abwohnen« verbucht. Das bedeutete, dass an diesem Haus nichts mehr gemacht werden sollte, bis es unbewohnbar war. Die real existierende Folge dieser architektonischen Barbarei war entweder eine nicht mehr bewohnte Ruine oder der Abriss dieser Ruine zum Zwecke einer Parkplatzbeschaffung, oder ein VEB-Großbetrieb nahm sich dieser Ruine an, um sie nach sozialistischer Renovierung (mit Denkmalpflege hatte das nichts zu tun) als Büro-, Gäste- oder Produktionsgebäude zu nutzen.

Eine Dependance des Forschungsinstitutes Manfred von Ardenne war im Souterrain untergebracht. Für das gesamte Souterrain-Geschoss, in dem Maschinen standen, deren Inbetriebnahme den übrigen Hausbewohnern nicht verborgen blieb, plus Sitzecke für die Mitarbeiter im Garten, plus Transportweg durch den Garten auf das ebenfalls teilangemietete Nachbargrundstück kostete die sozialistische Miete 20,- MDN. Ein Geld, mit dem weder der Besitzer noch die KWV das Haus am Leben erhalten konnten.

Das Gegenteil von gut ist gut gemeint und das Gegenteil von sozial ist sozialistisch. Gegen den hilfesuchenden Gang zur KWV war das Hornberger Schießen ein Schützenfest. Von denen war weniger als nichts zu erwarten.

In seiner mehr und mehr verbleichenden Schönheit gab dieses Haus ein erbarmungswürdiges Bild ab. Bei großen Niederschlägen stand im Keller das Wasser und trotz Schüsseln und Eimern hatte das Wasser von oben schon das erste Stockwerk und zu Teilen das Erdgeschoss erreicht.

Hochintellektueller Westbesuch kommentierte diesen Zustand so: »Ihr habt so herrlich morbide Häuser, so was bekommt man sonst nur noch in Griechenland geboten, herrlich romantisch.« Diese Feststellung hat sie nicht dazu verleitet, ihre Aufenthaltsgenehmigung zu verlängern, aber in gewissen

Abständen haben sie das Morbide bei den Genossen genossen. Dass wir alle zu einem Kulturkreis gehören, der traditionell lieber in intakten Häusern lebt, war ihnen so nicht bewusst. Sie fuhren wieder in die gepflegte Bundesrepublik, in der sie gut lebten, über die sie aber schlecht sprachen, während sie das Morbide genossen. Das sind die, die mir bis heute die DDR erklären wollen, von der sie nie so schlecht sprachen.

Wir wollten trotz Werkstatt im Souterrain und Obermieter im Haus wohnen bleiben, aber es musste was geschehen. An Rekonstruktion dachte ich noch gar nicht, wollte aber wenigstens den weiteren Verfall stoppen und die schlimmsten Schäden reparieren. Zu diesem Zwecke schien es sinnvoll, das ruinöse Haus zu kaufen. Der KWV und dem Besitzer die Arbeit und Verantwortung abzunehmen, ihnen also die Rechte zu belassen und die Pflichten zu übernehmen, war unlogisch. Da dieses Land aber unlogisch funktionierte, bis es logischerweise überhaupt nicht mehr funktionierte, riet mir jeder ab, diese Hornzsche (sächsisch: hinfälliges Haus) zu kaufen. Bekannte, Verwandte, Kollegen, allen voran mein Ännchen, waren sich einig: Dieses Land ist geeignet, Haus und Hof zu verlassen, aber nicht Haus und Hof zu kaufen. Meist ist es richtig, auf wohlmeinende Ratgeber zu hören, aber meine individuelle Sturheit setzte sich über die kollektive Weisheit hinweg. Je mehr Jahre ins Land gingen, desto gescheiter wurde mein einst dummer Entschluss.

Aber zurück zu den Anfängerzeiten als Hausbesitzer. Als Sänger hatte ich die Anfängerjahre bereits hinter mich gebracht und auch die Bauarbeiten an der Semperoper gingen gut voran. Davor arbeiteten in kleinen überdachten Bauhütten Steinmetze, um die vielfältigen Sandsteinverzierungen aus dem Stein zu hauen. In Ermangelung anderer Möglichkeiten habe ich deren Künste wenig später auch in Anspruch genommen, ohne dass sich dadurch die Wiedereröffnung der Semperoper verzögert hätte. Die Villa stand schon lange zum Verkauf, da aber potenzielle Käufer damals kein Recht auf Eigennutzung hatten, waren diese Bestrebungen bisher gescheitert. Es war also sowohl für den eigentlichen Besitzer als auch für die treuhänderisch das Haus *nicht*verwaltende KWV die beste Lösung, wenn im Hause wohnende Mieter die Käufer wären. Der Obermieter hatte zwar ein großes Interesse an der baupolizeilich gesperrten Mansardenwohnung – dort hätte er gern seine halbwüchsige Tochter einziehen lassen –, am Kauf des Hauses und also auch an der Sanierung bis hin zur baupolizeilichen Bedenkenlosigkeit war ihm aber nicht gelegen.

Im Jahr, da ich in der unfertigen Semperoper vor Bauarbeitern gesungen hatte, kaufte ich unser Haus, für das ich fortan in vielen Häusern sang.

Es wurde viel räsoniert in diesem deutschen Teilstaat über den Zerfall der Städte. In Greifswald, Bautzen und Erfurt gab es ganze Straßenzüge, wo niemand mehr wohnte. Die Häuser waren »abgewohnt«. Woanders auch. Es ging der Satz um: »Ruinen schaffen ohne Waffen.« Ich wollte mich mit Abwohnen nicht abfinden.

Wenn ich das Haus gebaut hätte, es wäre kleiner. Das schlechte Gewissen der Wettiner ließ es zu groß werden. Ich wollte das zu große Kleinod erhalten, rekonstruieren und seine ursprüngliche Schönheit wiederherstellen. Für die Familie, fürs Haus und gegen den allgemeinen Verfall.

Diese Entscheidung hat mein Leben beeinflusst wie wenige andere. Lamentieren ist nicht mein Ding, aber es war schon gut, dass ich nicht wusste, was da auf mich zukommt. Häusle-Bauer werden belächelt, Häusle-Erhalter auch. Die Besserwisser hatten schon recht, zunächst. Damit der Hohn nicht so wehtat, habe ich viel mit den Spöttern gelacht. Das Schöne war, dass ich mich bei niemandem beschweren konnte, außer bei mir selbst, aber ich ging schonend mit mir um.

Das Haus macht noch keinen Arbeitgeber aus mir, aber ich habe immerhin den Satz begriffen: »Eigentum verpflichtet.«

Die das Volkseigentum geschaffen haben, sind dieser Verpflichtung nicht nachgekommen, nicht nur meinem Haus gegenüber nicht. Deswegen habe ich die Hornzsche gekauft. Abwohnen, raus und irgendwohin war keine Option für mich.

Natürlich wusste ich von der Besonderheit des Dresdner Stadtteils Weißer Hirsch. Schon als ich da oben ankam, traf ich im Abstand weniger Tage drei Kammersängerkolleginnen, die mich unabhängig voneinander alle drei mit den Worten begrüßten: »Was machen Sie denn hier bei uns ... auf dem Hirsch?« Zugegeben, es ist ein schöner und herausragender Ort, schöne und herausragende Menschen gibt es aber auch andernorts.

Als Erstes galt es, das Haus von unten und oben trockenzulegen. Parallel geschah dies auch mit meinem Sohn, der just in dieser Zeit das Licht der Welt erblickte. Bei der Trockenlegung des Hauses war mein Singsang äußerst hilfreich. Schon den trockenen Wein aus dem Elbtal hatte ich mir herbeigesungen.

Doch zunächst einmal fehlte uns für die Kaufsumme ein gewisser, nicht unbeträchtlicher Betrag, den mir ein vermeintlich lieber Kollege vorschoss. Nach der Wende stellte sich heraus, er war auch der weniger liebe IM Robert, der durch die kurzzeitige finanzielle Hilfe große Dankbarkeit und Offenheit meinerseits erlangte. Seine handgeschriebenen Berichte über mich und mein Denken gehören zu den übelsten Schnüffelergebnissen meiner OPK-Stasi-Akte (Operative Personenkontrolle). In einem Bericht flehte er förmlich seine Nebenbeschäftigungsarbeitgeber an: »Warum lasst Ihr den so hochkommen, das ist nicht Euer Mann.«

Der Verantwortliche für die Gerüste des Bauhofes der evangelischen Kirche in Dresden war nicht nur mein Mann, er war meine letzte Rettung. Denn legitim an Gerüste im Dachdeckerstaat heranzukommen war undenkbar. Während sie aufrüsteten, redeten sie ständig von der Abrüstung, aber es hatte nur die Baugerüste hinweggerafft. Raketen, Panzer und Flugzeuge gab es reichlich. Dieses evangelische Gerüst wurde von Akademikern (Ingenieuren, Dipl.-Ingenieuren und Doktoren) aufgebaut, denn es gab 25 MDN Stundenlohn. Viele gut Ausgebildete wurden schlecht bezahlt und so hatten wir vermutlich die intelligentesten Gerüstbauer der Welt. Das Gerüstmaterial war vom häufigen Gebrauch schon arg verschlissen, aber es hielt.

Zur gleichen Zeit, da das Gerüst stand, waren wir mit der Staatsoper zum Gastspiel im Teatro La Fenice in Venedig. Es war meine erste Reise ins westliche Ausland. San Marco, San Giorgio Maggiore, der Dogenpalast und die Rialtobrücke haben mich tief beeindruckt. Aber geradezu umgehauen haben mich die vielen schönen Gerüste in der Lagunenstadt. Die Gerüstschlösser schienen aus purem Gold und die lindgrünen Fangnetze waren eine Augenweide. Die Begeisterung darüber war so groß, dass ich bei der Rückkehr von den Gerüsten mehr schwärmte als vom Canal Grande. Meine Frau war verwundert.

Der hundert Jahre alte Schiefer musste runter vom Dach und besagte Preolit-Schindeln gab's grad mal wieder nicht. Mätzold war ein findiger Dachdecker aus Radebeul und so arbeitete er mit seinen Gesellen in der nasskalten Jahreszeit beim VEB Schindelhuber, oder wie diese Preolit-Klitsche hieß, und bekam ein gewisses Deputat, mit dem er unter anderem meine Hornzsche abdichten konnte.

Mein Dach war im Sommer 1982 dicht. Es war ein heißer Sommer und so verklebten sich die Schindeln, dass Wind und Wetter nicht dazwischenkamen. Das ist auf der einen Seite gut, sagte der Dachdecker Mätzold, auf der anderen Seite kann es bei kalten Temperaturen Risse geben, die sich dann über das ganze Dach ziehen. Aber erst mal war's dicht.

Die Holzteile des Hauses wurden mit einer furchtbar stinkenden Flüssigkeit namens Rigolit gestrichen. Dieses Zeug blieb über Tage in den Poren und roch bis hin ins Schlafzimmer.

Holzverzierungen habe ich mir bei einer Tischler-PGH ersungen und Schneefanggitter bei den Angestellten dieser volkseigenen Branche. Dort gab ich drei Zugaben und sie gaben mir als Zugabe noch dringend benötigte Dachpappennägel. Die Maurer- und Malerarbeiten wurden unter meiner bescheidenen Mithilfe von hochqualifizierten Mitarbeitern des Institutes Manfred von Ardenne übernommen.

Als unser Sohn Johannes 1982 auf die Welt kam, hatten wir abgerüstet. Die diesbezüglichen Verhandlungen der Großmächte wurden wieder vertagt. Während fast alle anderen Planziele mal wieder nicht erreicht wurden, gingen die Arbeiten an der Semperoper planmäßig voran. Zwei neoklassizistische Sandsteinsäulen, die die Baluster auf unserer Terrasse umrahmen, hatten durch Witterungseinflüsse mehr an Form und Gewicht verloren, als es mir jemals durch die unterschiedlichsten Diäten gelungen war. Eine der Steinmetzhütten vor der Semperoper nahm den diesbezüglichen Auftrag des Opernsängers an. Im Gegensatz zur damaligen Fassadenfarbe sowie Rigolit und Preolit halten diese Säulen bis zum heutigen Tag. Der Sandstein hatte seine Festigkeit lange vor der Gründung der DDR erreicht und auch ihre letzten sieben Jahre schadlos überstanden.

Der Geselle des Dachdeckermeisters Mätzold fuhr zum Verwandtenbesuch nach Westdeutschland. Ein Bekannter des Verwandten war ebenfalls Dachdeckermeister. Bei diesem arbeitete der Radebeuler Geselle während des gesamten Verwandtenbesuches und verdiente in zehn Tagen mehr Westgeld, als er im Osten im Monat Ostgeld bekam. Am meisten begeistert haben ihn das Material, das Werkzeug und die Gerüste. Die Dachdeckerei Mätzold stellte den Ausreiseantrag. Der Geselle sagte: »Die beste Propaganda ist die Wirklichkeit und die hat mich überzeugt.«

Der Wiederaufbau der Oper geschah unter anderen Voraussetzungen. Der geschichtsträchtige Wiedereröffnungstermin war nie gefährdet. Am 13. Februar 1985 wurde das große Werk mit der Eröffnung vollendet. Bewegend und bleibend.

Mittlerweile sind das gegenüberliegende Schloss, das Taschenbergpalais, der Neumarkt mit der Frauenkirche und vieles andere wieder aufgebaut. Vis-à-vis der Oper stand zur Eröffnung die Ruine des Renaissanceschlosses. Und siehe da, in diesen Tagen zeigte man an der Ruine des Schlosses ein Gerüst, das Aktivitäten vorgaukelte, die es nicht gab – ein Propagandagerüst.

Nach dem Ende des Wettrüstens habe ich mir von der Abrüstung mehr versprochen. Aber dem Einrüsten der maroden Häuser stand nun nichts mehr im Wege. Am Haus begann alles noch mal von vorn. Ohne Rigolit und Preolit.

Meine vielfältigen musikalischen und moderatorischen Aktivitäten wären sicherlich weniger üppig ausgefallen, wenn ich mir dieses Haus nicht an die Backe geklebt hätte. Wenn zum inneren Motor aber noch ein Außenantrieb kommt, bringt man sich allerdings besser in Schwung. Reichlich vorhandene Trägheitsmomente werden so leichter überwunden.

Unsere Villa hat schon bis jetzt viele Zeiten überdauert, ich hoffe, sie wird nie »abgewohnt« sein, diese Hornzsche.

11

SILBERHOCHZEIT

Das sozialistische Amen, das uns auf dem Standesamt gegeben wurde, haben wir uns pflichtgemäß abgeholt und emotionslos entgegengenommen. Es war ein kalter 25. Januar im Jahre 1979. Das Standesamt am Japanischen Palais in Dresdens schöner Mitte war zwar gut geheizt, aber die hohle sozialistische Eheschließungslitanei ließ uns frösteln und ich bat die Beamtin, zur Sache zu kommen und dem albernen Sermon ein Ende zu setzen. Mit einem Lächeln, das zu der Kühle des späten Januartages passte, kam sie auf den Punkt und gab uns den nötigen Stempel.

Die kirchliche Trauung am 26. Januar entsprach unseren Vorstellungen von diesem besonderen Tag schon eher. Es war schön, mit Verwandten, Freunden und meiner kleinen Familie das besondere Ereignis zu feiern. Das Gotteshaus ohne die staatstragenden Symbole war ohnehin Flucht- und Haltepunkt und für getaufte und konfirmierte Leute das diesbezüglich wichtigste Haus im gottlosen Land.

Nach der Trauung haben Freunde wunderbar musiziert und anschließend fuhr die Hochzeitsgesellschaft zur Feier des Tages in ein Ferienheim des Staatstheaters nahe Bad Gottleuba. Dort wartete ein Pferdeschlitten, auf dem ich mit Anne durch die verschneite Winterlandschaft fuhr, während unsere Gäste letzte Vorbereitungen fürs einmalige Fest trafen.

Traditionsgemäß mussten wir bei unserer Ankunft vor dem Haus Holz sägen. Es war überhaupt ein segensreicher Tag. Das angesägte Bett bescherte unserer jungen Ehe die erste Schieflage.

FÜNFUNDZWANZIG JAHRE SPÄTER

2004 hatte es in sich: Arnstadt und Gotha wurden 1300, ich sechzig und unsere Ehe fünfundzwanzig Jahre alt. Die 1300-Jahr-Feiern waren sicher würdig, aber unsere Silberhochzeit sollte was ganz Besonderes werden. Fünfundzwanzig Jahre Künstlerehe sind ja sowieso bemerkenswert. Wir beschlossen, uns nach so vielen Jahren noch mal von unserem Pfarrer einsegnen zu lassen. Ich bat meine Frau, den »Rest« mir zu überlassen. Es war zwar unser beider Festtag, aber ich wollte mir die Freude machen, meine Frau zu überraschen.

Nach dem Gottesdienst fuhren wir mit dem Auto nach Moritzburg vor den Toren Dresdens. Anne wusste wirklich nichts und war innerlich auf eine längere Reise eingestellt. Sie war nicht direkt enttäuscht, aber doch verwundert, als ich unser Auto auf dem Parkplatz des Hotels Waldschänke abstellte. Vor dem Hotel wurden wir empfangen wie vor fünfundzwanzig Jahren vor dem Ferienhaus des Staatstheaters. Ein Holzbock mit Stamm und Säge stand bereit und die Sektgläser waren gefüllt.

Azaleen waren die einzigen Blüten, die es früher in den Blumenläden zwischen unserem Hochzeitstag und Annes Geburtstag – Ende März – gab. Und so war die Azalee über die Jahre »unsere« Blüte geworden. Der große runde Tisch im Prinzenzimmer war damit reichlich geschmückt und auch die für zwei Nächte gemietete kleine Suite hätte Azaleen-Suite heißen können. Im Wohn- und Schlafzimmer ohnehin, aber auch im Bad, selbst in der Wanne lagen Azaleenblüten.

Meine Frau schien mehr als erfreut und wir gingen zum Mittagessen ins Prinzenzimmer. Ohne dass meine Frau davon wusste, gesellten sich pünktlich zur Vorspeise unsere Kinder zum Jubiläumsmahl. Es gab Wild mit allerlei Vor- und Nachspeisen und während wir es uns schmecken ließen, fuhr ein Pferdeschlitten vor die Waldschänke. Der Tag war winterlich wie zur Hochzeit und ich hatte dieses romantische Gefährt nebst Kutscher, Schaffelldecken und heißen Getränken wenige Tage zuvor bestellt. Meine Frau und die Kinder wollten nicht glauben, dass dieser Schlitten für uns vorfuhr. Die Fahrt durch die Moritzburger Wälder, vorbei an den zugefrorenen Seen, war der schönste Winterausflug unserer gemeinsamen Jahre. Eheliches Schlittenfahren kann durchaus eine Freude sein.

Am Abend kam noch ein befreundetes Ehepaar, mit dem wir im Vorjahr einen harmonischen Irland-Urlaub verbracht hatten. Der nächste Tag, der 26. Januar, sollte der Höhepunkt der Silberhochzeitsüberraschungen werden. Die Kinder und die Freunde waren scheinbar abgefahren und wir gingen nach dem Frühstück zum Fasanenschlösschen und durch Wald- und Parkanlage zum Schloss Moritzburg. Dieses Jagdschloss der sächsischen Könige mit feinen Möbeln, Porzellan, Bildern und Preziosen hatte just an diesem Tag geschlossen. Ich tat so, als wüsste ich nichts davon, und ging in den Verwaltungstrakt, um eine Ausnahme zu erwirken, das Schloss besichtigen zu können. Von dessen Unerfüllbarkeit überzeugt, versuchte mich Anne von meinem Vorhaben abzubringen. Ich kam zurück vom kurzen Gespräch mit der Museumsleitung und berichtete freudestrahlend, dass für uns das Schloss geöffnet würde. Es war zwar tatsächlich Ruhetag im Schloss, aber diese Ausnahme an unserem besonderen Tag hatte ich Wochen vorher mit Engelszungen – die auf Engelsohren stießen – untertänigst erbeten. Die freundliche Museumsdirektorin war von meiner Idee so angetan, dass sie auf ein wenig Ruhe an diesem Ruhetag verzichtete.

Wir gingen durch die menschenleeren prächtigen Räume, genossen die exklusive Stille im kurfürstlichen Ambiente, während ich mich auf die eigentliche Überraschung freute, von der Anne nichts ahnte. Es hätte auch so schon zum Augenblick wenig gefehlt, um ihn zum Verweilen aufzufordern. Ich lenkte den Schritt wie zufällig in die Schlosskapelle und Annes Aufmerksamkeit auf eine Permoser-Figur rechts neben dem Altar. Wir standen also mit dem Rücken zur Orgel und während wir Permosers filigrane Kunst bewunderten, begann an der Orgel mein Pianist, Organist und Freund Klaus Bender mit dem Solotrompeter der Sächsischen Staatskapelle – meinem langjährigen Kollegen und Freund – Kurt Sandau das »Adagio« von Remo Giazotto zu spielen. Un(v)erhoffte barocke Musik im vollendeten barocken Raum zu hören, erschreckt wohltuend, aber auch atemberaubend. Annes Pupillen gerieten vor Entzücken leicht aus der Mitte. Ich hatte zwar alles eingefädelt, genoss es aber auch wie ein Geschenk.

In der Hälfte des Stückes ging die große barocke Tür auf und es kamen Freunde und Weggefährten, deren plötzliche Nähe Anne erfreuen sollte. Es klappte alles wunderbar, ich freute mich, bei Anne war es mehr. Sie fiel für wenige Sekunden in eine Freudenohnmacht, ich hielt sie fest. Es waren etwa zwanzig Freunde, die zur Feier unseres Tages von nah und fern angereist waren. Vornweg unsere Tochter Karoline, die durch Zufall rote und blaue Sachen anhatte. Sie hielt unsere damals knapp zweijährige Enkelin auf dem Arm. Ottmar Wieg stand neben den beiden, der Bruder meines Freundes Hugo, der selbstverständlich auch aus dem Eichsfeld angereist war. Ottmar hatte ich schon zur Studienzeit in Weimar kennengelernt. Da war er Vikar an der dortigen katholischen Kirche. Wir führten damals schon ökumenische Gespräche über *unseren* Gott und spielten unterhalb der Sakristei oft Tischtennis miteinander. Anne lernte ihn später kennen und wir hatten ihn beide lange nicht gesehen. Er stand in der vorderen

Als ich ein kleiner Junge war …

Als Student der Ingenieurschule für Bauwesen in Erfurt

Erster Soloauftritt mit fünfzehn Jahren

1964 in Bad Lobenstein mit der Band Studio 64

Hochschulaufführung »Pinocchio« 1971
am Deutschen Nationaltheater Weimar

1973 an der Sächsischen Staatsoper Dresden
als Bauer in Orffs »Die Kluge«

Mit Freunden und Pferdekutsche(r) im Eisenberger Mühltal

Glückverheißendes Hochzeitsritual 1979 (links mein Ännchen)

Beim Streicheln des »Sibirischen Tigers«, meines Wolgas

Unser Haus, die »Villa Maria«

Meine Tochter Karoline im neugierigen Alter

Familie Emmerlich mit »Wende-Klamotten«

Denkmal im irischen Connemara. Die denkwürdige Inschrift lautet:
»Hier passierte im Jahre 1884 absolut nichts.«

Mit meiner Frau Anne und unserem Freund Ludwig Güttler in Irland

Beim Schreiben dieses Buches in Irland,
im Hintergrund der Lough Corrib im County Mayo

Stationen einer Sendung: Mit »Zauberhafte Heimat« waren wir an 96 Orten, wie die Karte zeigt, die ich von der Redaktion zum Abschluss der Sendung geschenkt bekam.

Als Weinbotschafter im Amt

In zauberhafter Runde mit Ruth Maria Kubitschek, Sonja Gräfin Bernadotte, Kammersängerin Anneliese Rothenberger und R. Gantor

2008 mit Deborah Sasson und Klaus Bender in der Carnegie Hall in New York

Die Ankündigung unseres Konzertes an der Carnegie Hall

Die Schöne und der Bass

Auf dem Semperopernball 2009 mit meiner Co-Moderatorin Eva Lind

Mit dem Programm »Frühling im Herzen« 2010 on tour: das Kammerorchester, Eva und ich

Das Dresden-Swing-Quartett begleitet mich bei meinen Lesungen.

Alte Weggefährten und neue Nichtraucher: das Zwinger Trio, von links:
Tom Pauls, Peter Kube und Jürgen J. Haase

Dr. Matschke hat dafür gesorgt, dass der Bass noch brummt – danke!

Mit meinem alten Freund Rolf Hoppe auf der Feier anlässlich meines 65. Geburtstages

Mit meinem auch schon ziemlich alten Freund Wolfgang Stumph.
Über den Ausgang des Spiels schweigt des Sängers Höflichkeit.

Michael Morgner: »09.11.1989«
In der Sammlung der National Gallery of Art, Washington

Reihe neben der blau-rot gekleideten Karoline, mit seinem mittlerweile langen weißen Haar und dem gütigen Blick.

Nachdem Anne zu sich gekommen war, sagte sie, sie habe für einen Moment geglaubt, dass sie im Himmel sei. Da können einem die Knie schon mal weich werden. Es sollte ja ein himmlischer Tag werden, aber so wörtlich hatte ich es nicht im Sinn gehabt. Mit Freunden bei schöner Musik und in edler Architektur – es gibt wenig Erfreulicheres. Danach gingen wir alle gemeinsam gemächlich durchs Jagdschloss und draußen etwas zügiger in Richtung Waldschänke. Dort stand eine gemütliche Kaffeetafel mit reichlich Azaleen garniert und es war eine Runde beieinander, angesichts derer wir wieder einmal vergeblich versuchten, den Augenblick festzuhalten. Während ich das schrieb, war Perlenhochzeit. Ich habe Anne angerufen, da ich auf Theatertournee war. Die Silberhochzeit ist eh schwer zu toppen.

In der Vorbereitung auf die Goldene Hochzeit habe ich mich aber schon mal nach den Ruhetagen im Schloss von Versailles erkundigt.

12

DER WOLGA

Dass ich ihn »Sibirischer Tiger« nannte, bedeutete Respekt vor etwas, das trotz widriger Umstände sehr lebendig war. Ich hätte ihn auch T 34 nennen können, denn er war groß, schwer und robust. Gegen Ende des sozialistischen Lagers wurden die Ersatzteile in den sozialistischen Lagerhallen immer weniger. Das juckte den Tiger nur geringfügig, denn er fuhr mich auch mit angebrochener Kurbelwelle, defekter Heizung, leckem Kühlsystem und Reifen, die zum Teil aus Lumpen gepresst waren, zu jedem Ziel. Vieles ging antriebslos bergab, aber ihn hatten seine Konstrukteure für Berg- und Engpässe ebenso fit gemacht wie für endlose Talsohlen und Aufstiege im Niedergang.

Vor dem Wolga hatten wir einen Trabant, den meine Frau mit in die Ehe brachte. Eine Mitgift, wie im Mittelalter drei Kühe, zwei Pferde und ein Stück Wald hinterm Haus. Für meine Frau war er geräumig – sie misst 1,60 Meter –, für mich weniger – ich bin 1,93 Meter groß. Aber auch er war zumindest verlässlich und leistete über viele Jahre gute Dienste in seinem bescheidenen Rahmen. Ich hatte in ihm auch vier bequeme Wochen. Der Entzug der Fahrerlaubnis für ebendiese Zeit brachte eine erfreuliche Begleiterscheinung mit sich. Meine Frau fuhr dann nämlich den Trabbi. Da ich den Beifahrersitz ausbaute, hatte ich – hinten sitzend – für meine Beine Platz wie in einer amerikanischen Stretchlimousine.

Als ich dann wieder vorn im engen Auto des dazu passenden Landes saß, dachte ich über das Angebot nach, welches mir mein Wirt in Ahrenshoop gemacht hatte. Er besaß einen Wolga aus zweiter Hand und wollte sich von ihm trennen, da er einen Daimler aus fünfter Hand in Aussicht gestellt bekam. Ich rief ihn an und wir machten den Kauf perfekt.

Bei aller Bescheidenheit: Der Trabbi war eben etwas für Jockeys und ich tendiere doch mehr zum übergewichtigen Basketballspieler. Vom Trabbi zum Wolga war wie ein Umsatteln vom Esel zum Pferd oder – um im Bilde zu bleiben – von der Hauskatze zum Tiger.

Beim Wolga sah man deutlich, dass er vom »Großen Bruder« war. Die russische Automobilindustrie basierte nach dem Kriege zum Teil auf Plänen der Firma Opel aus Rüsselsheim, aber die Jahre waren in die Länder gegangen und Rüsselsheim – Moskau ist eine gewaltige Entfernung. Was man nun den deutschen oder den russischen Ingenieuren danken oder verübeln sollte, war nicht mehr klar nachzuvollziehen. Es war jedenfalls ein widerstandsfähiges, pflegeresistentes und zuverlässiges Gefährt: ein »Sibirischer Tiger« eben mit einem unbestimmten Erbteil vom deutschen Schäferhund. Der größte Vorteil: Ich konnte aufrecht sitzen und die Beine genossen eine Freiheit, um die ich sie beneidete. Wenn meine Frau am Steuer saß, saß sie quasi unterm Steuer und die Passanten dachten, das Auto sei ferngesteuert.

Ein »Sibirischer Tiger« frisst zwar bedeutend mehr als ein ostdeutscher Rauhaardackel, aber das habe ich zugunsten der beschriebenen Annehmlichkeiten gern in Kauf genommen. Außerdem sind die Entfernungen, die man in einem kleinen Teilstaat zurücklegen kann, überschaubar, also auch bezahlbar. In der Sowjetunion war ein Wolga in jeder Hinsicht kostspieliger.

Mein Wirt, der Ahrenshooper Schmied, hatte rostgefähr-
dete Teile, wie zum Beispiel die Kotflügel, mit Zinkblech
unterlegt. Der Rost blühte irgendwann oben sichtbar, aber ich
wusste, unten lauert listig das Zinkblech. Beim Kühler war's
komplizierter. Er hatte zunächst ganz kleine Haarrisse, die mit
»Kühlerdicht« – einem kleine Risse verkleisternden Mehl, das
man in die Kühleröffnung medikamentös reinpuderte – abge-
dichtet wurden. So dichtete man mit Kühlerdicht so lange ab,
bis alles dicht war. Kühlung *und* Heizung – aber er fuhr.

Eines Tages ging es nach einer Vorstellung von »Zar und
Zimmermann« von Dresden nach Wien. Dort gab es am
darauffolgenden Tag in der Kammeroper die »Entführung
aus dem Serail« und ich sang den Osmin. Wenn mein Osmin
so wenig Profil gehabt hätte wie meine Reifen – sie hätten
einen anderen genommen.

Es war abenteuerlich, mit diesen abgefahrenen Lumpen-
reifen, der geheizten Kühlung und der gekühlten Heizung
über das verschneite Erzgebirge zu fahren. Über Prag, Jihlava
und Znojmo erreichte ich endlich die tschechisch-österrei-
chische Grenze.

Dort wurde ich gefilzt, als wäre nun endlich der Kopf dieser internationalen Schmugglerbande ins Netz gegangen. Da
sie logischerweise nichts Unerlaubtes fanden, wurden sie noch
unfreundlicher. Nach anderthalbstündiger Zwangspause
gaben sie mir Auto und Papiere zurück und blickten mich mit
der unausgesprochenen Drohung an: »Irgendwann kriegen
wir dich!« Ich weiß bis heute nicht, warum sie so betont un-
freundlich waren. Es konnte ihnen doch völlig wurscht sein,
was ein ostdeutscher Sänger mit einem Wolga in Wien macht.
Wiener Sänger, die mit ihrem Volvo nach Ostdeutschland
fuhren, haben sie doch auch einigermaßen freundlich behandelt – und die waren doch die sogenannten Klassenfeinde.

Bei den österreichischen Grenzbeamten angekommen,
hoffte ich, durchaus begründet, dass sie mich anders abfer-

tigen würden. Immer mehr freundliche Diensthabende versammelten sich um den sozialistischen Luxuswagen in dritter Hand. Im Prater blühten noch nicht die Bäume, aber am Wolga schon lange der Rost. Das brodelnde Wasser im Kühler, die zum Teil vereisten Scheiben und die Gesamterscheinung des Wolgas weckten das große Interesse der schneidigen Uniformierten. Es verlangte keiner von mir, den eben noch auf der anderen Seite gründlich durchwühlten Kofferraum aufzumachen. Der Ranghöchste von ihnen sagte aber: »Machen'S bittschön mal die Motorhaube auf.« Ich tat verwundert, was man mir geheißen. Unverhohlen geringschätzig lachte einer der jüngeren Beamten. Er wurde aber vom Vorgesetzten sofort belehrt: »Lach net so bleed, da is ja alles drin, was zu am Auto g'hert.« Und zu mir sagte er wenig hoffnungsfroh: »Fahrn'S scheen langsam, gell, und vor allem kommen'S gut an.«

Die guten Wünsche reichten bis zum Ortseingang von Wien. Wenn der Kühler ein Teekessel gewesen wäre, hätte er am Ortseingangsschild gepfiffen. Der Wolga stotterte und blieb im dichten Frühverkehr der Stadt an der Donau stehen.

Als dreihundert Jahre davor die Türken vor Wien standen, kamen sie auch nicht weiter. Sie hatte damals viele Osmins, aber keinen Wolga dabei. Der qualmte und zischte jetzt wie eine Dampflock aus der Gründerzeit, aber nach 20 Minuten Warten am Straßenrand sprang er wieder an. Dann fuhr er 200 Meter, wieder 20 Minuten Warten usw. Im Gegensatz zu den Türken nahm ich Wien Meter für Meter ein. Irgendwann kam ich sogar ins Zentrum und stellte das schnaufende Tier auf dem Fleischmarkt neben der Kammeroper ab. Zum Frühstück im »Hotel zur Post« erschien ich auf den letzten Pfiff. Anschließend ging ich schlafen und auch der Tiger genoss die Ruhe. Die Träume beim Tagschlaf standen im Zeichen der vergangenen Nacht. Nach kurzem, aber intensivem Schlaf begann ich mich am späten Nachmittag auf die Abendvorstellung vorzubereiten. Dabei schaute ich aus dem Fenster und sah, dass der Wolga in Wien ein Interesse hervorrief, dem er in Dresden nicht ausgesetzt war. Vor der Vorstellung ging ich noch mal zu ihm. Mein Bekennermut als Besitzer hielt sich in Grenzen, aber ich gesellte mich zu den Betrachtern meines lädierten Exoten. Einer sagte: »Dös is' a Trojanisches Pferd und die Insassen ham um Asyl gebeten!« Ein anderer erwiderte: »Aus Griechenland kommt dös Gepferd aber net.« Ich schwieg zustimmend.

Ein Bühnentechniker der Kammeroper gab mir den Tipp, zu einer ganz bestimmten Autowerkstatt in der Nähe der sowjetischen Botschaft zu fahren. Und tatsächlich hatte diese Wiener Werkstatt Wolga-Teile. Selbst einen Kühler. Die Russen würden gut mit Kaviar und Krimsekt bezahlen, deswegen hätten sie sich diese Teile zugelegt, sagte man mir. Was in Dresden, wo es viele Wolgas gab, nicht zu haben war, gab es in Wien, wo ich außer meinen »Sibirischen Tiger« keinen anderen je sah. Jaguars sah ich häufig.

Sie schleppten ihn ab, reparierten und tauschten aus und hatten sogar noch zwei recht ungebrauchte Reifen (ohne Lumpen). Am Ende ist der Aufenthalt im Kapitalismus dem sozialistischen Vierbeiner gut bekommen.

Mitte der achtziger Jahre durfte ich das erste Mal zu Konzerten in die Bundesrepublik fahren. Wegen der für den Transport von Musikern und Instrumenten günstigen Größe avancierte auch mein Tiger zum Reisekader. Ein Wartburg und ein Moskwitsch komplettierten den Tross.

Um den Wunschzettel der lieben Daheimgebliebenen erfüllbar zu machen, sparten wir an allen Ecken und Enden. Zu meiner Rechten saß einer der Musiker, hinter uns lagen Instrumente und zwischen Rücklehne und hinterer Sitzbank standen zwei 20-Liter-Kanister mit Benzin. Das Westgeld war zu schade, um den Verbrennungsmotor damit zu füttern. Dass wir durch diese Ladung ein fahrender Molotowcocktail waren und bei einem Crash in die Luft geflogen wären, haben wir offenbar verdrängt. Als kurz vor München aus unerklärlichen Gründen der Vergaser brannte und wir ein größeres Feuer mit der Fußmatte gerade noch verhindern konnten, stellten wir bei der Weiterfahrt wenigstens einsichtig das Rauchen ein. Das Konzert war im Schloss Oberschleißheim und als ich meinen heißen Schlitten dort abstellte, sagte ein vorbeigehender Konzertbesucher: »Wenn ihr uns überholen wollt, ohne einzuholen, müsst ihr euch andere Autos besorgen.«

In den letzten Jahren der DDR habe ich ihn nicht mehr gewaschen. Er passte so besser ins ungepflegte Gesamtbild. Die Rostblüte war durch Dreck getarnt. In die »Sch(m)utzschicht« schrieb ich 1987, im 750. Jahr Berlins, eine große 781. So alt wurde in dem Jahr Dresden. Letztlich eine lächerliche, aber wohltuende Selbstbehauptung gegenüber der kleinbürgerlichen Großmannssucht in Ostberlin.

Regisseur Wolfgang Engel inszenierte in dieser Zeit einen ideenreichen und wunderbar respektlosen Liederabend am Dresdner Staatsschauspiel. Vorwiegend aufmüpfige, nichtstaatstragende Lieder aus allen Epochen wurden zusammengetragen und unserer Zeit gemäß in Szene gesetzt. Dieser Abend war ein Riesenerfolg und der Wolga hatte durchaus seinen Anteil daran. Es war die Zeit, als Gorbatschow schon die Schleusen geöffnet hatte, aber die ideologischen Staumauern in Ostberlin weiterhin undurchlässig blieben.

Das Prinzip des »Stargastes« wurde ironisch zelebriert. Wenn ich Zeit hatte, war ich der sogenannte »Stargast«. Das Ensemble des Staatsschauspiels zog mich mit meinem verrosteten, verdreckten Wolga an dicken Tauen auf die Bühne und sang dabei das »Lied der Wolgatreidler«. Ich schälte mich im Frack aus dieser russischen Rostlaube mit Wiener Vorderreifen und sang das Wolgalied aus der Operette »Der Zarewitsch« von Franz Lehár. Das Lied endet mit den Worten:

»du hast im Himmel viel Engel bei dir, schick doch einen davon auch zu mir«. Ich sang nicht »schick doch einen davon auch zu mir«, sondern »schick doch einen davon auch zu *uns*«. Im Saal gab es frenetische Zustimmung. Dass die Tür des Wolgas auf der Fahrerseite völlig ausgeleierte Scharniere hatte und dadurch beim Öffnen geräuschvoll nach unten sackte, hat die Wirkung des Ganzen noch befördert.

Ich hätte ihn gern behalten, aber als Andenken war er einfach zu groß. Ein paar Jahre noch stand er in meiner Garage. Als die Russen das Land verließen, habe ich ihn einem Soldaten der Roten Armee geschenkt. Ich glaube, er hat sich sehr gefreut und ich hab beim Abschied geweint. Der Tiger ist nach Sibirien heimgekehrt und wenn er nicht gestorben ist, dann lebt er noch heute.

13

DER GEGENBESUCH

Als die Semper-House-Band eine Einladung zu einem Konzert in der Westberliner Philharmonie bekam, war das für uns wie ein musikalischer Ritterschlag. Die Musiker der Sächsischen Staatskapelle, aus der sich die Semper-House-Band rekrutiert, waren als Mitglieder der Kapelle schon oft zu Konzerten dort gewesen. Mit nur neun Musikern und dem Repertoire Dixieland und Swing ist's aber schon was anderes, als mit nahezu hundert Musikern Bruckner und Brahms zu spielen. Da in diesem Haus nicht nur der Geist Karajans wohnt, wurde es uns mulmig im Bauch, als wir das Schlagzeug aufbauten und ich mein Banjo stimmte – ohnehin immer wieder ein ziemlich fragwürdiges Unterfangen.

Einer der namhaftesten Dirigenten der Welt, Sir Colin Davis, hatte bis kurz vor unserem Soundcheck eine Probe mit den Berliner Philharmonikern. Er entkrampfte auf wunderbare Weise die angespannte Situation. Auf dem Flur begegnete er nämlich einem unserer Musiker und fragte ihn ebenso erfreut wie überrascht: »Was machen Sie denn hier?« Der sächsische Virtuose freute sich einerseits, dass der Sir ihn erkannte, sagte aber verschämt und fast entschuldigend: »Mir spiel'n heute hier e bissl Swing und Dixieland.« Darauf Sir Colin Davis: »Oh, wie wunderbar, und wir spielen so was Langweiliges wie Sibelius die Zweite.«

Die Besonderheit, dass klassische Musiker mit großer Hingabe und lustvoll etwas musizieren, was keiner von ihnen erwartet – es ihnen auch nicht zutraut –, ist immer wieder beglückend. In der Berliner Philharmonie und vergleichbaren Häusern insbesondere. Zur musikalischen Exotik kam vor der Wende noch die politische. Die Herzlichkeit, die der volle Saal ausstrahlte, war überwältigend und nach der fünften Zugabe rief einer unter großem Beifall: »Kommt bald wieder!« Das ging unter die Haut und das schöne Gefühl nahmen wir am nächsten Tag mit durch die Mauer.

Es war Anfang 1988 und ich nutzte den Westberlin-Aufenthalt, um nach vorheriger Absprache Angelika Milster zu besuchen. In einer TV-Sendung im Stralsunder Theater sollte sie mein Gast sein und da gab es einiges zu besprechen. Obwohl wir uns nur vom Bildschirm kannten, empfing sie mich mit herzlicher Gastfreundschaft. Anlässlich eines weiteren Konzertes in Westberlin habe ich diese Gastfreundschaft im Hause Milster abermals genießen dürfen.

Nach Westberlin durfte meine Frau nicht mitreisen, und so lud ich Angelika Milster und ihren Mann, den Dirigenten André Bauer, nach Dresden ein. Erstens, um mich zu revanchieren, und zweitens, um ihnen meine Frau und Dresden vorzustellen. Sie kamen mit dem Auto und André sprach von den 180 Kilometern wie von einer Abenteuerreise durch unbekanntes Land. Er ist Schweizer und die DDR war ihm bislang fremd. Der Zustand der Autobahnen hat ihn erschrocken, aber er schwärmte vom Kenntnisreichtum der hiesigen Autofahrer. Er hatte alle fünf Kilometer auf dem nicht vorhandenen Standstreifen einen gesehen, der fachkundig in und am Auto hantierte. Kein gelber Engel weit und breit, die offenbar auch nicht nötig wären. »Die westeuropäischen Autofahrer beherrschen Zündschloss, Gas und Lenkung«, sagte er. Es lag für ihn die Vermutung nahe, dass wir offenbar kein Volk der Straßenbauer, aber das Volk der Autoschlosser seien.

Nach einem Spaziergang durch die Stadt saßen wir am Nachmittag bei Kaffee und Eierschecke bei uns zu Hause und nach einem Rundgang über den Weißen Hirsch ging's abends in die Semperoper und nach der Vorstellung ins Hotel Bellevue. Als wir die Speise- und Getränkekarten in den Händen hielten, bat ich unsere Gäste vom vergleichsweise üppigen Angebot heftig Gebrauch zu machen und die gepfefferten Preise bitte rücksichtslos zu übersehen. Wobei die Preise für sie weniger gepfeffert waren, denn sie hatten gerade mal Ku'damm-Niveau.

Ich freute mich jedenfalls, für mehrfach erwiesene Gastfreundschaft auf solche Weise Dank sagen zu können. Das Essen war vorzüglich und den erlesenen Wein kannte ich vom sozialistischen Groß- und Einzelhandel nicht. Solche Hotels boten alles, um durch kapitalistisches Angebot den Sozialismus genießbar zu machen. Hier fühlten sich unsere Westberliner in Ostsachsen wie zu Hause. Die DDR saß nicht mit am Tisch und so war es ein schöner Abend. Am Ende jedoch gesellte sie sich dazu und machte aus einem vermeintlich großzügigen Gastgeber einen nassauernden Trottel. In diesem Restaurant des Hotels Bellevue mussten die Speisen und Getränke nämlich in Westmark bezahlt werden. Das wusste ich nicht und habe auch nicht mit so was gerechnet. Es war mir zwar schon lange klar, dass der Klassenfeind kein Kassenfeind ist, aber dass mich »mein« Staat in solch eine Situation bringen könnte, bei der der Gast nicht nur seine Rechnung, sondern auch noch die des Gastgebers bezahlen musste, war gemein, hinterlistig und bösartig. Die Gier nach dem Geld des verhassten Systems hatte die Maxime des eigenen Systems längst in Frage gestellt, mehr noch: verraten und verkauft. Ostgeld war reichlich vorhanden – durch Gagen und Zwangsumtausch auch bei den Milsters –, aber der Wert dieser ohnehin nicht konvertierbaren Währung war in dieser Gaststätte gleich null.

Eine noch schlimmere Situation war entstanden, als wir Jahre zuvor mit unserer kleinen Tochter im Dresdner Hotel Newa zu Mittag aßen. Beim Hinausgehen riss sich Karoline unversehens von meiner Hand und rannte in den dortigen Intershop. Das Angebot war ihr verführerisch neu und ihre großen Kinderaugen sprachen Bände. Dass ich ihr nicht mal den simplen Wunsch nach einem Überraschungsei erfüllen konnte, bekam verbal die unschuldige Verkäuferin zu spüren. Weil man aber einem fünfjährigen Kind die verquasten Zusammenhänge nicht erklären kann, wünschte ich diesem Staat die Pest an den Hals.

Er bekam sie auch.

14

VOM ALTWERDEN

Ich würde das Thema nicht anrühren, wäre das Altwerden nicht so ein weit verbreitetes Phänomen. Es ist ein Prozess, dem jedermann ausgeliefert ist, und – noch bedauerlicher – auch jede Frau. Das Altwerden beginnt relativ früh. Zunächst sehnt man es gar herbei. Man will unbedingt in die Schule kommen, kaum drin, fiebert man dem Ende entgegen. Mit dem Studium verhält es sich ähnlich. Selbst bei der Ehe wartet nicht jeder auf den Tod, bevor er sich scheidet.

Das erste Erschrecken vorm Altern ereilte mich mit sieben oder acht. Mir fiel auf, dass keine Erwachsenen auf dem Schützenplatz in Eisenberg mit Peitsche und Kreisel spielten. Damit musst du also irgendwann aufhören, dachte ich und wurde traurig. Der nächste Peitschenhieb ließ den Kreisel noch heftiger springen und die Freude darüber vertrieb die böse Ahnung.

Beim Altwerden gibt es aber auch schon bald erfreuliche Ereignisse: eine erste eigene Armbanduhr, ein erstes Fahrrad, ein erster Anzug aus erster Hand und eine erste Freundin – von der man allerdings sagte, sie habe schon mal mit Siggi geknutscht. Später ein Beruf, eine Frau, ein Haus, eine Tochter, Söhne und Enkel, all das wollte ich und bekam es. Vivat!

Es ist eine schöne Feststellung, dass die Zeit wie im Fluge verging. Es war eine gute Zeit. Summa summarum, alles in allem.

Die Jugend ist unbeschwert und will vom Altwerden wenig wissen. Der Jugend Ende ist eine variable Größe und geht öfter in die Verlängerung als Fußballspiele. Das Gefühl, wirklich alt geworden zu sein, verleihen dir die Zeitgenossen. So kurz vor der sechzig werden die Haare mehrheitlich grau, streckenweise sind sie nicht mal mehr vorhanden, die Haltung verliert an Spannkraft und die kommunikativen Schlagworte stammen aus dem vorigen Jahrhundert. Wenn du einer jungen Frau in der Straßenbahn zuzwinkerst, steht sie auf und macht ihren Platz frei. Man bietet dir ständig einen Stuhl an.

In meinem Beruf kommt noch hinzu, dass Journalisten immer häufiger fragen, wann man denn nun aufhören werde. Mein Hinweis, dass ich der Enkel des immer noch berufstätigen Jopie Heesters sein könnte (er ist 41 Jahre älter als ich), verhallt entweder ungehört oder er erntet ein mitleidiges Lächeln, wie es nach faulen Ausreden üblich ist.

Du hast immer noch Jeans und bunte Hemden an und stehst diesem Altersrassismus hilflos jugendlich gegenüber. Das sind die Jahre, in denen wir gern und zu oft sagen: »Man ist so alt, wie man sich fühlt!« Dieser charmante Selbstbetrug ist allenfalls durch geistige Restfrische gerechtfertigt. Die Umwelt ist genauer und rechnet eher noch ein paar Jährchen hinzu.

Beim Anblick einer schönen Frau reduziert sich dein Alter schlagartig um gefühlte dreißig Jahre. Das fühlt aber niemand – außer dir. Die Berge, die du früher mühelos erklommen hast, erscheinen jetzt höher, steiler und auch irgendwie arrogant und von oben herab. Im Tale bleibend lässt du sie links liegen. Manchmal auch rechts. Am nächsten Morgen erklimme ich den höchsten Berg mit dem Auto und genieße ausgeruht die Fernsicht. Schwitzende, humpelnde und keuchende gleichaltrige Wanderer wundern sich über meine körperliche Unversehrtheit. Beim Gruß bleibt die Hand in der Hosentasche, denn daran hängt der Autoschlüssel.

Neulich war ich beim Friseur. Die Friseurin sah auf meinen Kopf wie ein Gärtner, der auf eine erfrorene Kamelie blickt. Sie fragte nach meinen beruflichen Plänen und resümierte: »Was Sie sich alles in Ihrem Alter noch zumuten …!«

Der einzige Vorteil der irgendwann zu erwartenden Vollglatze: Du musst nicht mehr zu solchen Friseusen, Verzeihung, Friseurinnen gehen.

Bevor sie dich »Mann« nennen, sagen sie »halbe Portion« zu dir. Wenn du dann lange genug »Mann« warst, bekommst du zu den Mahlzeiten halbe Portionen – Seniorenteller. Ich wüsste nicht, wann sich mein Appetit halbiert hätte. Neulich habe ich für meine Enkelin einen Seniorenteller bringen lassen und auch ich aß etwas Halbes – eine halbe Ente.

Die Frau eines Archäologen wird im Laufe der Jahre immer interessanter für ihn. Der Mann einer Archäologin nimmt eine ähnlich günstige Entwicklung. Genauso verhalten sich Theaterleitungen gegenüber Bassisten. Da in der Opernliteratur für diese Spezies überwiegend Väter, Großväter, alte Bösewichter oder Trottel vorgesehen sind, kommen sie erst mit den Jahren ins passende Alter.

Die Maske hat in des Basses Jugendjahren Gewaltiges zu leisten. Meine erste nennenswerte Partie war der Bauer in Orffs »Die Kluge«. Am Anfang des Stückes singt der verzweifelte Landwirt im Kerker immer und immer wieder: »Oh hätt' ich meiner Tochter nur geglaubt …« Ich war Mitte zwanzig und meine Tochter hätte meine Mutter sein können. Viel Schminke sowohl bei der »Tochter« als auch beim Bauern hat der Situation die Lächerlichkeit genommen. Ich sah aus wie jetzt, allerdings bevor ich in die Maske gehe.

Der Alfonso in Mozarts »Così fan tutte« beginnt die Oper altersweise mit den Worten: »Ich bin schon ein Graukopf, ex cathetra red' ich …«

Osmin steht bei Blondchen von vornherein auf verlorenem Posten, nicht weil er Muslim und sie Katholikin ist, nein, er ist einfach zu alt für die junge Blonde. Wenn der Bass ausnahmsweise mal ein liebender König ist, dann singt er ständig: »Sie hat mich nie geliebt«. Oder Sarastro singt: »... du liebest einen andern sehr«.

Nur in Puccinis »La Bohème« darf der Bass jugendlich sein. Selbst wenn man davon ausgeht, dass der Mitbohemien Colline ein paar Semester im Hörsaal des Lebens vertrödelt hat – er ist Philosoph –, sollte er höchstens dreißig Lenze zählen. Auch die Freunde Rudolfo, Marcello, Mimì und die anderen verleihen der Oper jugendlichen Charme und ein dementsprechend tragisches Ende. Dass Colline am Schluss der Oper von seinem alten Mantel singt, hat mit seinem Alter nichts zu tun.

Auch wenn die Jahre längst vergangen sind, werden die Sänger zu Studenten geschminkt und gekleidet, bis man gegen die Anzahl der Jahre nichts mehr unternehmen kann. Kurz vorm Ruhestand singt die Partie dann doch ein anderer, Jüngerer, bedeutend Jüngerer. Das war längst überfällig, dennoch ist man pikiert.

Wenn die Jugend des Bassisten zu Ende geht, ist die Rente nicht mehr fern.

Jetzt hast du das Alter der großen Basspartien erreicht, aber es besetzt dich keiner mehr. Dabei war der Großinquisitor in Verdis »Don Carlos« in Wirklichkeit neunzig Jahre alt!

Gut, man möchte ihn von einem Neunzigjährigen nicht hören ...

Der Schriftsteller Peter Bamm bringt's auf den Punkt:

Im Grunde haben wir Menschen nur zwei Wünsche: alt zu werden und jung zu bleiben.

Daran arbeite ich.

15

PASST SCHO

Seit 1982 war ich »Reisekader«, ich durfte also mit dem Ensemble der Dresdner Staatsoper bei Gastspielen ins westliche Ausland mitfahren. Später auch zu Einzelgastspielen. Vorher war ich selbst bei Reisen nach Jugoslawien ausgebootet worden. Da weder die Familie meiner Frau noch ich Westverwandte hatten, war dies die einzige Möglichkeit, durch den eisernen Vorhang zu treten. Die Familie blieb als Pfand zu Hause.

Die verwandtschaftlichen Beziehungen und sich daraus ergebende Gründe für Westreisen wurden Mitte der achtziger Jahre zunehmend lockerer gehandhabt. Man hörte von »Nenn-Onkels« und »Nenn-Tanten«, deren runde Geburtstage ausreichend waren zur Beantragung eines Besuches. Es war nicht die Regel, dies dann auch genehmigt zu bekommen, aber es kam immer häufiger vor. Viele Kollegen hatten schon ab Mitte der achtziger Jahre auf diese und ähnliche Weise private Westreisen mit Familienangehörigen unternommen. Das machte mir Mut, im Frühjahr 1989 einen diesbezüglichen Antrag zu stellen. Die Bearbeitungszeit dauerte allerdings so lange, dass ich schon unseren üblichen Ostseeurlaub und ein paar Tage Thüringer Wald eingefädelt hatte. Da kam plötzlich doch die Genehmigung, für zehn Tage nach Reit im Winkl fahren zu dürfen. Wir konnten unser unverhofftes Glück kaum fassen.

Als große Hilfe bei den Vorbereitungen erwies sich ein privater Kontakt zu einer ehemaligen Klassenkameradin und ihrer Familie in Wolfsburg. Sie besorgten uns nicht nur eine preiswerte Unterkunft in Reit im Winkl, sondern auch einen VW Passat und einen bundesdeutschen Reisepass. Von Dresden in die Alpen über Wolfsburg ist zwar nicht der direkte Weg, aber Auto und Pass hätten auch eine Route über Sylt gerechtfertigt. Wir stellten unseren Lada in Wolfsburg ab und waren durch Pass und Passat für zehn Tage Bundesbürger.

Als meine Frau das erste Mal kurz vor Rosenheim das Alpenmassiv sah, musste ich rechts ranfahren. Der Heulkrampf, den sie bekam, verkörperte Wut und Freude und steigerte sich derartig, dass unser sechsjähriger Sohn mich bat, ins Krankenhaus zu fahren. Der Weinkrampf legte sich und es blieb nur noch große Freude. Bei Johannes mehr über die wieder lachende Mutter als über die Alpen.

Bei Ruhpolding fuhren wir runter von der Autobahn und sahen auf der Landstraße Biathleten beim Sommertraining. Fritz Fischer aus Ruhpolding war damals einer der besten Biathleten der Welt und der sportbesessene Sänger mit dem Hang zu albernen Sprüchen sagte: »Jetzt noch Fritz Fischer sehen und dann sterben.« Johannes bekam das offenbar mit und sagte, abermals besorgt, ganz leise seiner Mutter ins Ohr: »Hoffentlich sehen wir den Fritz Fischer nicht…« Wir sahen ihn nicht und kamen also wohlbehalten in Reit im Winkl an.

Österreich ist einen Kilometer entfernt und Norditalien mit Pass und Passat in locker erreichbarer Nähe. Meine Frau stellte schon am ersten Abend die territoriale Gretchenfrage: »Und warum wollen wir wieder in die Scheiß-DDR, warum bleiben wir nicht hier?«

Spontan gab es keinen gescheiten Grund, ihr zu widersprechen. Die Fernsehbilder der mutigen Landsleute, die über Ungarn und die Prager Botschaft ihr Heil in der Flucht suchten, sprachen für sich. Wir saßen da, wo sie hin wollten. Wir waren in der Mitte des Lebens und sicherlich in der Lage, einen Neubeginn zu wagen. Andererseits gab es da nicht nur einen ungeliebten Staat, den wir hinter uns gelassen hätten. Es gab Verwandte, Freunde, Kollegen, eine thüringisch-sächsische Verbundenheit zu Landschaft, Architektur und Geschichte. Man wusste von Leuten, die die DDR auf diese und ähnliche Weise verlassen hatten und frühstens nach zehn Jahren ihre alte Heimat wiedersehen durften. Diese Vorstellung war für mich unerträglich. Es war drei Monate vor der sogenannten Wende, von der im August 1989 niemand zu träumen wagte. Aufgrund der politischen Großwetterlage glaubte ich aber an mögliche Klimaveränderungen, die das Leben im Ostblock positiv beeinflussen würden. »Wenn sie sich in die Ecke gedrängt fühlen, können sie aber auch brutaler werden«, sagte meine Frau und erinnerte an die Ereignisse auf dem Platz des Himmlischen Friedens.

Die Gegend um Reit im Winkl war in diesen Tagen harmonischer als unsere Gespräche. Die Kinder haben wir aus solchen Diskussionen rausgehalten, aber diese familiären Ost-West-Spannungen blieben ihnen nicht verborgen. Das Thema hing sowieso in der Luft, nicht nur in Reit im Winkl, auch in Dresdner Schulen und Kindergärten. Johannes gab zu bedenken, ohne dass wir das Thema erneut eröffnet hatten, er habe doch noch so viele Spielsachen in Dresden und außerdem würde er im September mit seinen Freunden in die Schule kommen. Da müsse er auf jeden Fall erst mal hin. Karolines Grund, der DDR nicht den Rücken kehren zu wollen, hieß Kaule. Die Vierergespräche im Jahr darauf, die die Deutsche Einheit vertraglich regelten, verliefen harmonischer. Letztlich führte ich unser Haus noch ins Feld, in das ich viel Liebe, Arbeit und Geld investiert hatte. Auch die geliebte Semperoper hat die schwierige Entscheidung erleichtert. Die Gesellschaftsordnung der DDR war beim Entschluss, wieder nach Dresden zu fahren, eher hinderlich.

»Vielleicht beim nächsten Mal«, sagte ich, »und dann besser vorbereitet.«

Mit diesen Worten kehrte dann doch noch Urlaubsstimmung ein und wir hatten schöne erlebnisreiche Tage in einem Jahr, das die großen Erlebnisse und Veränderungen noch bringen sollte. Wir waren in Salzburg und Innsbruck, am Königssee, in Inzell, Venedig und Verona. Erholsam war es nicht, aber wunderschön. Es war ja auch eine mögliche Option des unberechenbaren SED-Staates, nach dieser Reise nie wieder in diese Richtung fahren zu dürfen.

Weil wir in einem Auto mit Wolfsburger Kennzeichen über alle Grenzen fuhren, wollte niemand unseren bundesdeutschen Reisepass sehen. Dabei waren wir doch so glücklich, diesen Reisepass auf Zeit zu besitzen. Bei der letzten Grenzüberquerung von Österreich ins ein Kilometer dahinter liegende Reit im Winkl sagte meine Frau zu dem verdutzten österreichischen Grenzbeamten: »Jetzt sehen Sie sich doch endlich mal meinen Pass an.« Verwundert nahm der Uniformierte den Pass, blätterte lustlos darin herum und sagte gelangweilt: »Dös passt scho.« Vielleicht dachte er, dass wir Kontrolleure der Kontrollbehörde für die Grenzkontrollen waren. Meine Frau war jedenfalls glücklich, diesen Pass wenigstens einmal an der Grenze gezeigt zu haben. Mit diesem Büchlein hatten wir das Recht der DDR verletzt, was uns recht war, und deswegen glaubten wir auch das Recht zu haben, dass man das an der Grenze gefälligst rechtens zur Kenntnis nimmt. Ein unnormaler Staat bringt solche unnormalen Überlegungen und Verhaltensweisen mit sich.

Am nächsten Tag fuhren wir von Reit im Winkl über Wolfsburg wieder nach Dresden. Anne und ich, wir haben heimlich geweint und Johannes war froh, wieder im Lada zu sitzen, in dem er hemmungslos kleckern und mit Bonbonpapier werfen durfte. Im Wolfsburger Leihwagen hatten andere Sitten gegolten.

16

DIE PFARRERTOUR

Die Orte sind weitestgehend unbekannt. Hülsa, Reinhardshausen, Hochstadt und Zierenberg liegen idyllisch, aber versteckt, irgendwo im Hessischen. Einige Pfarrer dieser evangelischen Gemeinden waren 1985 beim Internationalen Dixieland Festival in Dresden. Bei einem Konzert im Kulturpalast trat unter anderem eine Überraschungsband der Sächsischen Staatskapelle auf, die nicht nur bei den hessischen Pfarrern einen günstigen Eindruck hinterließ – die Semper-House-Band.

Durch die verschiedensten kammermusikalischen Formationen waren die Musiker den Dienern Gottes schon lange ein Begriff. Dixieland und Swing hatten sie von den Kammervirtuosen allerdings noch nie gehört. Allein die Vermutung, dass sie so etwas könnten, lag nicht auf der Hand, umso verzückter saßen sie im Parkett, als die neun Herren entgegen jeglicher Gewohnheit und Erwartung ungezügelt drauflosjazzten.

Die erste Einladung ins Hessische erfolgte nach diesem Kurzauftritt spontan, wie reformierte Katholiken nun mal sind. Diese Musiker in ihren Kirchen, Kur- und Bürgerhäusern mal anders zu erleben, war ihnen offenbar eine verlockende Vorstellung. Das Repertoire wurde schnell und doch mehr recht als schlecht erstellt, geprobt und auf ging's zur ersten sogenannten »Pfarrertour«. Es war meine erste Reise in die Bundesrepublik seit dem Mauerbau. Ins andere Deutschland fuhren wir 1986 mit Pkws über Herleshausen und ich habe papstähnlich den Boden geküsst. Dieser erste sinnliche Eindruck von der BRD schmeckte nach Benzin, Staub und hessischem Allerlei. Ein stilles Pathos, dessen Albernheit ich mir mit einem milden Lächeln verzieh.

Der Empfang bei den Pfarrern und ihren Gemeinden war überaus herzlich und ungeteilt. Musiker und Kirchenleute lassen sich nicht auseinanderdividieren. Hansfried Boll war Pfarrer von Hülsa und so scherzte ich während des Konzertes von der Bühne herunter: »Die DDR stellt sich gern als Bollwerk des Sozialismus dar und dass wir heute hier sind, ist Pfarrer Bolls Werk.«

Untergebracht waren wir dort in einem Rüstheim der Bundeswehr. Zum Frühstück saßen wir mit Offizieren am Tisch und scherzten über realsozialistische Gegebenheiten oder sprachen ernsthaft über den Ernstfall, der hoffentlich nie eintreffen würde. Wir behandelten uns gegenseitig wie Exoten, deren gleichzeitige Anwesenheit im damals »normalen« Alltag nicht vorgesehen war. Die friedfertige Neugier am jeweiligen Gegenüber war umrahmt vom kalten Frühstücksbuffet, vom kalten Krieg war nichts zu spüren. Einige der Offiziere kamen am Abend zu unserem Konzert. Eine Einladung zu ihrem nächsten Manöver gab es nicht. Die Freundschaft zu den »Klassenfeinden« steckte ja noch in den Kinderschuhen. Hansfried Bolls bester Freund ist der Förster Reinhard Semper, den wir nach dem ersten Konzert kennenlernten und der uns vor dem zweiten Konzert auf die Pirsch durch den Knüllwald mitnahm. Die folgenden Konzerte begannen wir mit der öffentlichen Überreichung einer Stange bulgarischer Zigaretten mit dem dreifach beziehungsreichen Namen »Semper«.

Bei jeder Ankunft wurden und werden wir mit selbstgebackenem Kuchen wie liebe Verwandte empfangen. Ein

Kirschlorbeer aus dem Pfarrgarten in Hochstadt wächst seit vielen Jahren in meinem Garten in Dresden und er gedeiht prächtig neben russischem Wein und Rotdorn aus der DDR.

Den Wiederaufbau der Dresdner Frauenkirche haben Hermann, Hansfried, Gotthelf und ihre Frauen aktiv unterstützt. Als meine Heimatstadt Eisenberg achthundert Jahre alt wurde, habe ich selbstverständlich Pfarrer Eisenberg nach Eisenberg eingeladen. Ebenso wie ich ihn jetzt einlade, seine Sicht auf die Pfarrertour zu beschreiben.

DIE PFARRERTOUR

»Kultur ist das,
was dadurch mehr wird,
dass wir es teilen.«
(Hans-Georg Gadamer)

Hatten wir etwas zu teilen, mit-zu-teilen 1981, als die ersten Künstlerensembles aus Sachsen nach Bad Wildungen-Reinhardshausen, Hochstadt und Hülsa (anfangs auch nach Zierenberg) kamen? Die evangelischen Kirchgemeinden hatten je eingeladen, wohl wissend, welches Kulturerbe von unschätzbarem Wert in einer so kulturell traditionsreichen Region wie Sachsen hohes Ansehen genießt. Die drei Kirchenvorstände hatten begriffen, ja, waren beflügelt davon, Begegnungsebenen zu schaffen, die Menschen über Grenzen hinweg zusammenführen und zu Botschaftern einer gemeinsam zu bewahrenden Kulturgeschichte werden lassen. So kam die »Pfarrertour« (eine sächsische Namensgebung) zustande.

In der Regel war donnerstags in Hochstadt der Tournee-Start und sonntags die Zielgerade in Reinhardshausen. Gastfamilien und Pensionen sorgten für Unterkunft und großzügige Bewirtung, kamen sie doch durch Freikarten in den Genuss erlesener Konzerte. Mehr noch: Sie erlebten deutsch-deutsche Begegnung, die sich nicht in touristischer Oberflächlichkeit erschöpfte. Es gibt zwischen hessischen und sächsischen Familien noch heute feste freundschaftliche Beziehungen, die aus der »Pfarrertour« erwachsen sind.

Nun, ich berichte aus Reinhardshausen, von den Anfängen, von Hürden, die es zu überwinden gab, aber auch von der Begeisterung, die die Künstler, vornehmlich aus der Elbmetropole Dresden, hier auslösten.

Bad Wildungen, der Kurort, einer der größten in Deutschland mit damals fast zwei Millionen Übernachtungen, er wollte auch Kurort sein oder werden. Und deshalb gab es auch Unterstützung, Sponsoring, für die Reinhardshäuser Kirchenkonzerte, die es seit 1980 gab. Chöre, Orchester, Solisten mit internationalem Renommee wurden eingeladen und kamen. Allein drei israelische Nationalchöre, Hans Stadlmair mit dem Münchener Kammerorchester, der Winzbacher Knabenchor, der Heidelberger Madrigalchor mit dem Süddeutschen Bläserensemble und viele mehr. Ab 1981 waren dann auch die Grenzbarrieren Richtung DDR erstmals überwunden: Eckhart Haupt und Armin Thalheim gaben das Debüt und Ludwig Güttler folgte bald mit dem Leipziger Bachkollegium, den Bachsolisten und dem Blechbläserensemble. Der Reigen hochkarätiger Interpreten aus Sachsen war eröffnet, die Besucher begeistert, die Presse überschwenglich.

Versteht sich, dass ich als Pfarrer bei solcher Konzertresonanz auch die volle Unterstützung des Kirchenvorstandes hatte. Was aber, als ich 1986 eine Dixieland-Besetzung aus Dresden einladen wollte, wohlgemerkt unter dem Namen »Kirchenkonzerte«? Klar war, dass dieses Ensemble (laut DDR-Kulturfunktionären »Dresdner Swing-Nonett« genannt) in der hiesigen Wandelhalle auftreten sollte. Aber in der Reihe der Reinhardshäuser »Kirchenkonzerte«? Der Kirchenvorstand wusste, dass ich »Jazz« nicht nur mochte, sondern auch selbst bei den »Wilde-Stompers« (einer Swing-Combo) als Posaunist mitspielte und da und dort öffentlich aufgetreten bin. Die Vorstandsmitglieder wussten auch, dass ich 1985 mit Freunden zum Internationalen Dixieland Festival in Dresden war. Und ich hatte – allein schon um das Selbstwertgefühl der Bad Wildunger »Weltbürger« zu relativieren – davon erzählt, wie wir in der Elbmetropole zu unseren Konzerten kamen: Telegrafisch bestellt und bestätigt, brauchten wir die Karten vermeintlich nur abzuholen. Weit gefehlt! Auf unsere diesbezügliche Anfrage hieß es lakonisch nur: »Hier liegt nichts vor!« Unsere Freude hielt sich in Grenzen, zumal nach all dem Kontrollpalaver beim Eintritt in das Staatshoheitgebiet der DDR. Erst, als wir nachdrücklich darauf verwiesen: Bad Wildungen liege zwischen Kassel und Frankfurt/Main, kam die erleuchtende Einsicht: »Dann sind Sie ja ein Valuta-Fall« – und siehe da, in einer Zigarrenkiste nebenan waren unsere Karten fein säuberlich alphabethisch einsortiert.

Was naheliegt: Wir waren zum Dixieland Festival nach Dresden von Musikern der Staatskapelle eingeladen worden, die zuvor schon in Bad Wildungen waren (denn ohne Einladung kein Visum!). Dresden befand sich im »Jazz-Taumel«, 35.000 begeisterte Jazzfans bestimmten das Stadtbild.

Vor dem Kulturpalast erzählten mir Jugendliche, die von der Ostsee oder aus dem Erzgebirge hergetrampt waren, wie viel ihnen dies Festival bedeutete: René Franc (ein Schüler Sidney Bechets) aus Paris erleben zu können, Jazzgruppen aus England, Norwegen und Dänemark neben den vielen Bruder-Jazzern aus dem Ostblock. Man konnte ihre Begeisterung spüren für dieses globale Ereignis, selbst wenn sie live nur das kostenlose Open-Air-Konzert und den Festumzug durch die Stadt miterleben konnten. Die Eintrittskarten im Kulturpalast waren anderen vorbehalten: uns, den »Valuta-Wessis«, und den vielen mit den demonstrativ am Revers sichtbaren Partei-

abzeichen. So war dann die überalterte Jazzgemeinde im Palast eher emotionsgehemmt. Selbst, als der Fernsehmoderator ein »Ärzte-Jazz-Quintett« aus der DDR-Hauptstadt vorstellte (alles Saxophonmusiker vom Sopran bis zum Bariton) und fragte, welche Facharztrichtung wohl der Bariton-Jazzer mit den großen Händen innehabe, konnten meine benachbarten Parteiveteranen über die Antwort »Gynäkologie« nur mit Gemurmel reagieren. Das wurde schlagartig anders, als da hochgeschätzte und in der klassischen Szene gefeierte Staatskapellenmitglieder den Palast betraten mit teils wenig vertrauten Instrumenten. Und die drei Titel, die die Herren Emmerlich, Sandau, Hombsch und Kollegen vortrugen, das war Dixie vom Feinsten. Da brachen die Dämme aus Reserve, musikalischen Vorbehalten oder Ignoranz, da tobte der Palast und die Zugabe-Rufe wollten nicht enden.

Durfte man solches Jazzfeuerwerk allein den »Ossis« gönnen? Nein, die Einladung kam spontan. Ein paar Titel mehr sollten es doch schon sein, aber die »Pfarrertour« übernahm die Patenschaft für eine Devisen verheißende Westtournee.

Und dann war es so weit: Es war der 18. Juni 1986. Die Reinhardshäuser Wandelhalle war mit nahezu siebenhundert Besuchern ausverkauft. Das »Kirchenkonzert« mit den Herren im Frack begann mit dem klassischen »Barockschock«, und dann kamen sie zur Sache: »Dixieland in einer Perfektion, wie ihn nur solche Solisten der Spitzenklasse bringen können, die noch dazu viel Freude und Begeisterung, Spaß am Jazzen mitbringen«, so der O-Ton in einem Pressebericht. Doch zuweilen stockte der Atem. Etwa, als Gunther Emmerlich moderierend dem begeisterten Publikum bei »Old Man River« die freie Übersetzungsvariante anbietet: »Alle Mann rüber!« (wohlgemerkt 1986), da war trotz lärmenden Beifalls der Kommentar eines besorgten Fans nicht zu überhören: »Wenn das einer mitschreibt, dann ist er reif für den Knast!«

Gunther Emmerlich sah das eher gelassen. Hatte er doch zuvor schon eventuellen Ärger in Kauf genommen, in Reinhardshausen nicht (wie verordnet) als Dresdner Swing-Nonett, sondern als Semper-House-Band aufzutreten. Die jedenfalls traf sich nach dem Konzert im Quartier Schwanenteich zu einer Jam-Session mit den »Wilde-Stompers« zum Jazzen – gesamtdeutsch. Mitglieder des Reinhardshäuser Kirchenvorstands, die das »Kirchenkonzert« miterlebten, waren versöhnt, ohne zu ahnen, dass später mit dem »Zwinger-Trio« oder der »Herkuleskeule« in der Reihe »Kirchenkonzerte« noch manche formelle Bewährungsprobe ins Haus stand. Doch was waren das für unspektakuläre Überzeugungsversuche im Vergleich zu dem Bemühen, vom Bundesminister für innerdeutsche Beziehungen in Bonn finanzielle Unterstützung zu bekommen?! Fakt war ja: Ohne Fremdmittel war eine solche Konzertreihe nicht finanzierbar. Es gab zwar großzügiges Sponsoring, aber bei einem Eintrittspreis von 10 DM (für Schüler, Lehrlinge und Studenten 5 DM) waren die jährlich zwölf Kirchenkonzerte nicht allein zu schultern. Das hieß: Die »Tourpfarrer« (en bloc) mussten von Zeit zu Zeit nach Bonn reisen, um in zähen Verhandlungen Gelder loszueisen. Und wieder dieses bekannte Fragekorsett: Warum Kirchenkonzerte unter anderem mit Dixieland-Klängen, warum das »Komikertrio« Tom Pauls, Peter Kube und Jürgen Haase unter »Kirchlicher Schirmherrschaft« und gar das Kabarett der Dresdner »Herkuleskeule«? In der Tat, zäh waren die Verhandlungen, aber letztlich doch ergiebig. Dem Argument, deutsch-deutsche Begegnung müsse man doch auf möglichst vielen Ebenen unterstützen, mochten sich die Beamten im »Innerdeutschen Beziehungsministerium« letztlich nicht verschließen. Der Hinweis war auch schwer zu widerlegen, dass nicht wenige Bürger aus Sachsen, Thüringen und anderen Ländern »Mitteldeutschlands« stammten, die etwa in einem Kurort ein Konzert oder eine Kabarettaufführung (zumal auf einem solch hohen künstlerischen Niveau) als Gruß aus ihrer alten Heimat verstanden.

Zuweilen (diesmal in Reinhardshausen) gab es auch deutsch-deutsche Begegnung, die einen Schockeffekt auslöste. Wieder einmal war in der Lukaskirche ein Konzert verklungen, der rauschende Beifall hallte noch nach, bis er schließlich verklang. Was hingegen anwuchs, war der Durst in den »Bläserkehlen« (der Hunger war vor dem Konzert bereits gestillt). Doch wohin gehen um 22:30 Uhr (für kassenvermittelte Kurgäste galt bereits kontrollierte Schlaf-, zumindest Ruhezeit)? Da war ja zum Glück noch dieses Lokal in der Ortsmitte, geöffnet bei guter Kundschaft »open end«. Einer Oase gleich, fand man dann auch an einem großen Tisch genügend Platz, und unisono lautete die Bestellung: »Ein großes Helles, bitte!« Doch einer in der Musikerrunde fehlte noch. Es hieß, er käme später. In der Tat, etwa gegen Mitternacht betrat ein hochgewachsener Mann mit markantem Haarschopf den Raum. Und ohne das übliche Grußritual gab er in lautem Befehlston Anweisungen in Richtung »Tischrunde«, auf Russisch!! Und die, die da noch soeben stimmungsvoll sächselnd sich zuprosteten, sie sprangen auf, nahmen Haltung an und antworteten fast gleichförmig ebenfalls auf Russisch. In den Gesichtern der wenigen an der Theke hockenden Kneipenbesucher Verwirrung, ja blankes Entsetzen – bis die Entwarnung kam und schallendes Gelächter. Einer der »Thekenhocker«, mit glasig-trunkenem Blick und hörbarem »Ruhrpott-Dialekt« (wahrscheinlich auch ein »Privatgast«), meinte schließlich sichtbar erleichtert: »Isch dachte, jetz sin se da, de Russen!« (Bad Wildungen lag immerhin nur 40 Kilometer von der »Zonengrenze« entfernt.) Der vermeintliche »Russe« war Prof. Ludwig Güttler. Das Lächeln wollte noch nicht recht gelingen. Was aber gelang, war der tiefe Schluck aus dem Glas mit dem frisch gezapften Bier. Es war eine Versöhnungslokalrunde, die jedoch bei den wenigen Kneipengästen nicht allzu teuer zu stehen kam.

Deutsch-deutsche Begegnung in Bad Wildungen, deutsch-deutsche Begegnung anderer Art auch in Dresden. Kurt Sandau, Solotrompeter der Staatskapelle Dresden, wollte den »Pfarrertouristen« eine eilige Mitteilung machen, per Telegramm. Er ging zum Postschalter und nannte den knappen Wortlaut für das Telegramm via Bad Wildungen: »Lieber Gotthelf, Christfried kann nicht kommen, Gotthard weiß Bescheid.« Eine kurze Pause entstand, bevor die »Postfrau« mit energischem, aber unmissverständlichem Ton sagte: »Mein Herr, dieser Text geht nicht über meinen Schalter, es sei denn, Sie nennen mir den Code.«

Noch immer sind sie unterwegs, die Musiker aus Sachsen, noch immer »on tour«, »on Pfarrertour«. 2009 allerdings nur noch in Bad Wildungen und Hochstadt. Und es gibt auch heute noch bei Gästen und Gastgebern viel zu erleben, viel zu berichten von den deutsch-deutschen Begegnungen. Wie lautete doch der gedankliche Einstieg: »Kultur ist das, was dadurch mehr wird, dass wir es teilen.«

Pfarrer i. R. Gotthelf Eisenberg

17

Der Aufstand der Unterdrücker

Einzelne Attribute können den Himmel zur Hölle machen und die Hölle zum Himmel. Wenn der Zusammenhang fehlt, lügt das Detail. Wenn ein wichtiges Detail fehlt, lügt auch der Zusammenhang. Der Platzregen beseitigt nicht die große Dürre, und die Sonne, die sich kurz zeigt, beendet nicht die Regenzeit. Die Wahrheit ist etwas Vollkommenes, Allumfassendes, die Summe aller Details, samt Gegenrechnung des vermeintlich Erfreulichen und des ebenso Unerfreulichen. Selbst über die Hölle könnte man sagen: »Frieren tut dort keiner.« Und so sind die rechten und linken Schadensbegrenzer unterwegs und picken eifrig aus ihrer rechten und linken Hinterlassenschaft vermeintlich genießbare Körner und gackern darüber lauthals, so dass der Eindruck entsteht, das jeweilige System wäre eigentlich – bis aufs unbestreitbar Üble – gar nicht so übel gewesen.

Wenn einer eines Verbrechens überführt wird, dann bescheinigen ihm Nachbarn und Arbeitskollegen oft vor laufender Kamera, dass er ein guter Familienvater gewesen sei, einen gepflegten Schrebergarten habe und im Sportverein ein vorbildlicher Kamerad gewesen sei. Bei Kapitalverbrechen finden solche Beurteilungen kaum Berücksichtigung. Juristische und selbst moralische Verurteilung wird durch solche peripheren Nettigkeiten kaum gemindert.

Wenn Diktaturen ihr längst überfälliges Ende gefunden haben, werden die ehemals selbst ernannten »Fortschrittlichen« zu rückwärtsgewandten Schönrednern und damit zu Stinkbomben im frischen Wind einer neuen Zeit, die sie nicht wahrhaben wollen. In einer vergeblichen Argumentationskette ist ihr letzter Ausweg, die Demokratie als Kapitalismus zu bezeichnen und damit hemmungslos gegen sie zu Felde ziehen zu können. Dabei hat es nie und nirgends auf der Welt eine Demokratie ohne Marktwirtschaft gegeben und keine bessere als in der sozialen Marktwirtschaft. Sie schlagen auf den kapitalistischen Sack und meinen letztlich die Demokratie. Gelegentlich wird sogar behauptet, wir hätten gar keine Demokratie, und sie spielen sich als der Garant für eine Entwicklung zu demokratischen Verhältnissen auf. Ausgerechnet die, die die Demokratie und das Soziale stets nur im Namen trugen.

Der Ortsgruppenleiter der NSDAP konnte nicht die Entnazifizierung vornehmen. (Er tat es gelegentlich doch.) Genauso wenig wie ehemalige Mitglieder der SED, DKP und andere linkische Weltverbesserer uns den demokratischen Weg weisen können. Man muss im Kopf schon ziemlich verkleistert sein, um denen noch einmal auf den Leim zu gehen. Der braune Geist beunruhigt bis heute, macht Angst und ruft uns Demokraten auf den Plan. Der Geist der roten Diktatur verklärt den Blick nach hinten, mutiert zum Heilsbringer aus jeder Not und preist sich als Fährmann zum Glück. Den Himmel auf Erden schaffen wir nicht, wahrscheinlich nicht mal ansatzweise, aber die, die ihn verkünden, riechen nach Schwefel.

Lange nach seiner Abdankung fuhr der letzte sächsische König Friedrich August III. mit dem Zug durch Dresden. Der Zug hielt wie geplant und viele Dresdner Bürger hatten sich am Bahnhof eingefunden, um ihrem ehemaligen König begeistert zuzujubeln. Der König öffnete das Fenster seines

Abteils und rief: »Ihr seid mir scheene Rebubliganer!« Dann schloss er das Fenster.

Königlicher, souveräner und witziger kann man sich nicht aus der Geschichte verabschieden. »Und verschafft mir gute Abgänge«, sagt der Theaterdirektor La Roche in »Capriccio« von Richard Strauss. Das war so einer, mit Humor, Verstand, Einsicht und Konsequenz.

18

ÄPFEL UND BIRNEN

Im Straßenverkehr links und rechts zu verwechseln kann den Führerschein kosten, schlimmstenfalls sogar das Leben. Kindern sagt man gern: Links ist da, wo der Daumen rechts ist. Dass nun die linke Hand über einen rechten Daumen verfügen soll, ist eigentlich nicht hinnehmbar – für die Linke. Die rechten Hände müssen sich demnach damit abfinden, linke Daumen zu haben. Das kann denen auch nicht recht sein. Bei allem, was recht(s) ist.

Wer Äpfel mit Birnen vergleicht, ist auf dem Holzweg, egal ob die Birnen nun links liegen und die Äpfel rechts, oder umgekehrt. Es sind köstliche, unvergleichliche Dinge, die man nicht in einen Topf wirft. Die Äpfel sind noch mehr dagegen als die Birnen.

Denn der Baum der Erkenntnis war ein Apfelbaum. Vermutlich »Bos(s)kopp«, denn der *Herr* hat es so gewollt. Trotzdem sind Äpfel und Birnen in erster Linie Früchte. So gesehen auch vergleichbar.

Es will mir nicht in den Kopf, warum es geradezu unanständig ist, ja eigentlich verboten gehört, Diktaturen miteinander zu vergleichen. Gegen diesen Vergleich wehren sich interessanterweise Links wie Rechts. Sicherlich gab es gravierende Unterschiede schon allein zwischen den sozialistischen Diktaturen und noch weit größere zwischen all denen und der nationalsozialistischen Diktatur. Ein Eins-zu-eins-Vergleich verbietet sich daher, aber in grundsätzlichen Dingen, die eine Diktatur ausmachen, ist der Vergleich zwischen linken und rechten Diktaturen nicht nur statthaft, sondern er drängt sich geradezu auf und muss schon aus Gründen der Wiederholungsgefahr angestellt werden dürfen:

1. Beide Diktaturen hatten ein Einparteiensystem.
2. Es fehlten in beiden Diktaturen:
   Meinungsfreiheit
   Demonstrationsfreiheit
   Organisationsfreiheit
   Reisefreiheit (bei den Roten noch eingeschränkter als bei den Braunen)
   Redefreiheit
   Freiheit der Kunst und vor allem:
   Freie Wahlen
3. Beide Diktaturen installierten ein ausgeklügeltes und perfides Spitzelsystem.

Bei aller Unterschiedlichkeit in der Handhabung gibt es in diesen Punkten nicht nur eine Vergleichsmöglichkeit, sondern eine unbestreitbare Deckungsgleichheit. Wenn dieser Vergleich nicht möglich wäre, dann dürften sich auch die italienischen Faschisten einen Vergleich mit ihren deutschen Un-Artgenossen verbitten, denn *ihre* teuflische Bilanz ist nicht ganz so erschreckend.

Was die planmäßige Vernichtung von Menschen, den Krieg und Kriegsverbrechen anbelangt, wird wohl niemand die teuflische Spitzenposition der Nationalsozialisten ernsthaft bestreiten wollen.

In der Zeit der griechischen faschistoiden Militärdiktatur entstand ein Lied, in dem die dortigen Verhältnisse treffend gegeißelt wurden. Da heißt es unter anderem:

Ein Dichter hier braucht keinen Mut,
bei uns wird ihn kein Zensor binden.
Er darf sogar ganz frei erfinden
und das verkauft sich auch ganz gut.
Ein Dichter hier braucht keinen Mut,
es sei denn, er schrieb in aller Klarheit,
in seinem Buch nichts als die Wahrheit.

Das Lied beginnt mit folgender Strophe:
Mein Vater ist ein freier Mann,
er lebt in einem freien Lande
und er ist, wie er sagt, im Stande,
zu tun und lassen, was er kann.
Mein Vater ist ein freier Mann,
doch kann er sich nicht frei bewegen,
seine Verfassung ist dagegen.

Wer dieses Lied in der DDR hörte, dachte nicht nur an Griechenland und an die dortige faschistoide Militärdiktatur. Es beschrieb eben auch die real existierenden sozialistischen Verhältnisse.

Diesen partiellen Vergleich der Diktaturen wollen sie uns untersagen, vergleichen aber hemmungslos vermeintlich positive Erscheinungen der roten beziehungsweise braunen Diktatur mit den Gegebenheiten der Demokratie. Wer da meint, Diktaturen nicht in einem Atemzug nennen zu dürfen, der sollte dann wenigstens anständigerweise den Vergleich einer Diktatur mit der Demokratie scheuen, zumal bei denen dieser Vergleich immer zugunsten der Diktatur ausfällt. Auch darin sind sie vergleichbar.

Die Rechten *und* die Linken haben alle Verbrechen, die im Namen ihrer Ideologie begangen wurden, an der Backe. Die diesbezügliche Spitzenposition der Rechten erwähnte ich bereits. Gerade weil die Vergangenheit oft mit gravierenden

Erinnerungsschwächen daherkommt, dürfen wir uns durch diese »Heilsbringer« nie mehr das Gehirn verkleistern lassen.

Der Unterhaltungswert linker Politiker ist bisweilen beachtlich. In dieser Rolle richten sie auch noch keinen Schaden an. Manch einer hat die Gene von Napoleon *und* Pinocchio. Und ist also mit großer Geste auf dem Holzweg. Napoleon und Pinocchio mögen mir diesen Vergleich verzeihen. Der Sänger meint: Wenn schon Linke, dann Paul. Rechts geht gar nicht!

Vielleicht sollte man die beiden Diktaturen wirklich nicht vergleichen. Die braune Diktatur ist das Letzte, was die Menschheit braucht. Die rote Diktatur das Vorletzte.

PS: Wenn man zu Zeiten der DDR die beiden Diktaturen partiell miteinander verglichen hätte, wäre man ins Gefängnis gekommen. Wer den teilweisen Vergleich in Hitlerdeutschland mit der Stalinsowjetunion gewagt hätte, wäre zum Tode verurteilt worden. Sowohl in Deutschland als auch in der Sowjetunion.

Jetzt nehm ich mir die Freiheit – da wir sie haben –, diesen partiellen Vergleich vorzunehmen.

Es darf auch widersprochen werden – gefahrlos. Es lebe die Demokratie.

19

DER FAHRKARTENENTWERTER

Eisenbahner, stell die Weichen, unsere Wege sind die gleichen. Diese Binsenweisheit verbindet den Reisenden mit dem uniformierten Zugbegleiter auf Gedeih und Verderb. Bis zum Zielbahnhof – günstigstenfalls. Wenn Baupläne so eingehalten würden wie Fahrpläne – kaum ein Haus wäre über das Erdgeschoss je hinausgewachsen. Und doch fahre ich ganz gern mit der Bahn. Es gibt keine Staus, man kann lesen, schreiben oder lernen und es gibt in aller Regel keinen Gegenverkehr. Im Auto werde ich von Schildern drangsaliert, zum Schildbürger gemacht. Der Zugführer fährt auf der Hauptstraße, alle anderen Verkehrsteilnehmer werden in ihre – besser gesagt in seine – Schranken verwiesen.

Da fuhr ich nun ohne Druck, denn ich saß im vorletzten Zug, und das ist die letzte Möglichkeit, pünktlich anzukommen. Die fahrkartenentwertenden Zugbegleiter sind Menschen, so unterschiedlich wie du und ich: zurückhaltend freundlich, einfach nur freundlich oder weniger zurückhaltend über-freundlich. Korrekt sind sie allemal und von Berufs wegen, schon wegen der Uniform. Wenn du in der 1. Klasse sitzt, behandeln sie dich erstklassig, und wenn du gelegentlich im Fernsehen vorkommst, wertet dich der Kartenentwerter manchmal noch über Gebühr auf. Der freundliche Zug-begleiter stört nie, der überfreundliche ab und an schon.

Ich fuhr also von Dresden nach Frankfurt am Main, war in Leipzig schon umgestiegen und hatte es mir im Großraumabteil gemütlich gemacht. Die Großraumabteile sind keine segensreiche Erfindung für Ruhe suchende Reisende. Sie vermitteln immer den Eindruck eines Betriebsausfluges mit Kind und Kegel. Große Koffer verbauen den Gang zur ständig besetzten Toilette. Und auch der eilige Fahrkartenentwerter nahm diese Hürde nur unvollkommen, wobei die Portion Chili con Carne statt bei meinem Gegenüber auf dem Tischchen bei mir auf dem Jäckchen landete. Das niedliche Kind schräg überm Gang schüttete just in dem Augenblick seiner Mutter den Orangensaft in den modischen, aber viel zu langen Schal. Während die Mutter den Schal verärgert ausschüttelte, wodurch einige Mitreisende etwas vom Orangensaft abbekamen, sah das niedliche Kind mein mit Bohnen bekleckertes Jäckchen und lachte sich eins ins Fäustchen. Immerhin hat es seine Freude verdoppelt und mein Leid halbiert.

Der fahrkartenentwertende Zugbegleiter versuchte wie ein Conférencier der Situation Herr zu werden: »Na, Herr Emmerlich, jetzt haben Se sich ausnahmsweise mal nicht mit Ruhm, sondern mit Chili con Carne bekleckert. Woll'n Se auch eins haben? Natürlich in der Schüssel, versteht sich.« Und eine Spur zu heftig lachend sagte er zu meinem Gegenüber: »Das schmeckt jetzt schal. Ich bringe Ihnen ein neues.« Die Mitreisenden lachten, mein Gegenüber nicht.

Zwischen Großheringen und Weimar schaukelt's besonders, aber unser überaus freundlicher Zugbegleiter meisterte jetzt die heikelsten Situationen gekonnt. Die Fahrkarten wurden problemlos entwertet, die Bestellungen kamen an den richtigen Mann oder die Frau, besser gesagt, auf das jeweilige Tischchen vor dem Mann oder der Frau. Die Konversation des Zugbegleiters mit seinen zu begleitenden Reisenden war freundlich und fast einfühlsam, zumindest was die vorläufige Rücksichtnahme auf den mittlerweile fest schlafenden niedlichen Kleinen anbelangte. Mir gegenüber war er ausgesprochen zuvorkommend – die Reinigung meines Sakkos hatte uns einander näher gebracht, als es sonst zwischen Männern üblich ist. Er wurde nur zunehmend eine Spur zu laut. Ich saß am Endes des Großraumabteils. Wenn der Begleiter aus Richtung Mitropa den Wagon betrat, war ich weit weg von ihm, was ihn nicht hinderte, über die große Entfernung ein Gespräch mit mir zu beginnen. Zum Beispiel so: »Na, Herr Emmerlich, noch'n Kaffee? Sie müssen doch heute Abend sicher wieder munter sein …!« Ich konnte ihm nichts abschlagen, aber ein zweites Chili con Carne ließ ich mir nicht einreden.

Während ich den Kaffee trank, lernte ich Texte oder las in dem Buch »Goethe war Sachse«. Ein liebenswertes Buch eines liebenswerten Sachsen, der seit vielen Jahrzehnten in Frankfurt am Main lebt. Als mein Freund, der Entwerter, das Buch sah, zeigte er mit dem Beamtenzeigefinger auf das Wort »Goethe« und sagte: »Goethe – das ist nicht meine Musik!« Just in dem Augenblick hielt der Zug in Weimar. Bis Frankfurt habe ich dann versucht zu schlafen.

20

Das Volk und die Musik

Ein Rat an alle Mitbürger, die über Bildungsmangel und fehlende natürliche Intelligenz nicht hinwegtäuschen können: Sagen Sie einfach in einer Gesellschaft, die Ihnen geistig überlegen scheint – und das wird ja häufig der Fall sein –, also, sagen Sie: »Volksmusik find ich ganz schön doof.« Sie gelten mit sofortiger Wirkung als intelligent. Sie dürfen bei diesem Satz nur nicht das »doof« vergessen. Sonst gelten Sie als das, was sie wirklich sind: nämlich doof. Aber so doof werden Sie ja nicht sein.

Die Gegenprobe klappt auch.

Wenn Sie ein hochgebildeter Mensch sind, vielleicht gar für den Nobelpreis nominiert, dürfen Sie um Himmels willen nichts Löbliches über die Volksmusik sagen. Man würde Ihnen grenzenlose Dummheit bescheinigen. Journalisten würden Sie nach der Nobelpreisverleihung mehr über Ihre abartige musikalische Vorliebe befragen denn nach den Gründen der hohen Ehrung.

Dabei sind Volkslieder prächtig geratene Findelkinder. Findelkinder, die nicht nur das Geheimnis ihrer Geburt in sich bergen.

Man weiß nichts vom »Ännchen von Tharau« und welcher Wiesengrund als der schönste besungen wird. Und doch hat jeder ein ganz bestimmtes Mädchen vor Augen, das in den seltensten Fällen aus Tharau kommt. Mein Ännchen zum Beispiel kommt aus Bühlau. Auch hat jeder *seinen* schönsten Wiesengrund, selbst wenn sich dort kein Mühlen stolz leith. Solche Lieder sprechen die Seele an und die ist nicht detailversessen. Die unbekannten Verfasser hatten etwas Urmütterliches, vielleicht war auch ein Väterlein dabei. Jedenfalls haben wir von denen ein wenig abbekommen.

Da, wo der Verfasser bekannt ist, ist dies wenigen bekannt. Letztlich aber ist es die höchste Auszeichnung für einen Komponisten, wenn sich das Volk sein Lied zu eigen macht. »Guten Abend, gute Nacht« gehört den Müttern und Vätern, die ihre Kinder in den Schlaf singen. Bei den ungarischen Tänzen ist es uns bewusster, dass sie von Brahms sind.

Nun ist es jedem freigestellt, diese und andere Wurzeln zu kappen und auf Neufundland oder sonst irgendwo ein neues und vielleicht auch schönes Leben zu gestalten. Er wird aber vermutlich schon im Hafen von St. John's volkstümliche Klänge hören. Denn die musikalischen Mitbringsel der europäischen Einwanderer werden hier gepflegt. Auch deutsche Einflüsse sind dabei. Also Vorsicht! Am besten gleich auf eine unbewohnte Insel in die Südsee fahren, denn auf der bewohnten Südseeinsel Bora Bora kann es passieren, dass Ihnen der dortige Ehrenbürger Toni Marschall aus dem Urwald entgegengrinst und »Kein schöner Land« singt.

In der DDR-Grundschule mussten wir »Unser Lied die Ländergrenzen überfliegt« singen. Wie wir wissen, waren die Grenzen dicht. Das Lied ist nicht rausgekommen. Dagegen brachte es die Melodie von »Oh Tannenbaum« sogar zum State Song des US-amerikanischen Bundesstaates Maryland.

Manch Hänschen klein wird ja wohl auch zu Hause bleiben wollen und den Fortbestand der Deutschen zwischen Oder und Rhein gewährleisten. Für den Fall könnten solche Volkslieder nützlich sein, denn sie gehören zum musikalischen Gedächtnis einer Nation.

Nicht nur Tiere und Pflanzen sollten wir vor dem Aussterben bewahren. Wir pflegen doch unsere Vorgärten, unsere Fingernägel und unsere Vorurteile, warum nicht unsere Volkslieder?! Dies müsste selbst im Sinne der Verächter dieser Musik sein, denn wie will man sich darüber lustig machen, wenn der Gegenstand nicht mehr bekannt ist? Wer die Persiflage verstehen will, muss das Original kennen. Die köstliche Verhohnepiepelung bekannter Opernmelodien in »Die Keilerei auf der Wartburg« von Nestroy und Binder ist nur komisch, wenn die Opernmelodien bekannt sind.

Dass die Nazis gern Volkslieder singen ließen, dafür können diese Lieder nichts. Hitler mochte auch Wagner, Stepptanz und »Die lustige Witwe«. »Tannhäuser« und Fred Astaire haben es überlebt und die »Witwe« ist immer noch lustig. Wir sind manchmal zu gründlich, selbst beim besten Willen.

Die »Internationale« bleibt ein gutes Lied, auch wenn sie bei SED-Parteitagen gesungen wurde. Allerdings möchte ich »Die Fahne hoch« und »Die Partei, die Partei, die hat immer recht« nicht mal mehr gepfiffen hören. Ich pfeif drauf.

Ach ja, da gibt es noch die sogenannte volkstümliche Musik – von manchen auch volksdümmlich genannt. Das ist natürlich genauso unfair wie andere unzulässige Verallgemeinerungen. Ich habe noch nie ein böses Wort eines erfolgreichen Volksmusikanten über einen erfolglosen Klassiker gehört. Umgekehrt schon. Erfolgreiche Klassiker sind da gelassener. Singen und singen lassen. Dass der volkstümliche Schlager mit der über Jahrhunderte gewachsenen Volksmusik nichts am Tiroler Hut hat, steht fest wie das Brückerl übers Bacherl und böte ausreichend Stoff für ein eigenes Kapitel.

In der volkstümlichen Szene tummelt sich manch exzellenter Musiker. Selbst Jazzer verdienen sich in diesem Umfeld gern mal eine warme Mahlzeit. Die Gage ist dummerweise abhängig von der Zahl der Zuhörer, die man vorfindet. Gerecht? Nein! Aber es ist so. Es verdient ja auch manch Fußballer bedeutend mehr als ein Chefarzt, und auch Manager haben ihr Geld oft mehr im Griff als das ihrer Firma.

Zahlen sprechen eine deutliche Sprache, aber auch eine ernüchternde: Fernsehsendungen mit Volksmusik im breitesten Sinne haben das Mehrfache der Einschaltquote eines Konzertes der Berliner Philharmoniker. Selbst die Liveübertragung der Oper »La Traviata« von den Salzburger Festspielen mit den Wiener Philharmonikern, Anna Netrebko und Rolando Villazón erreichte nicht annähernd diese Quoten. Nun kann und muss man das sicherlich bedauern und allen möglichen Leuten und Entwicklungen vorwerfen, aber gewiss nicht den Sängerinnen und Sängern der Volksmusik. Was die Leute hören wollen, wird gespielt, selbst wenn es verboten würde. Wenn die Sehnsucht nach einer heilen Welt nur dort Erfüllung findet, dann muss man sich woanders Gedanken machen. Vielleicht will da einer aber auch nur bei Terzenseligkeit abschalten, weil er glaubt, nicht anders überleben zu können. Musikalische Verhaltensweisen sind nicht administrativ durchzusetzen.

Diese volkstümlichen Fernsehsendungen gehen gern auf Tour. Zeitungen preisen regelmäßig in großen Anzeigen diese Veranstaltungen an, um sie dann ebenso regelmäßig in höchst intellektuellen Kommentaren zu verreißen. Dieser gnadenlose Verriss hat aber keinerlei Auswirkung auf die nächste Ankündigung. Im Gegenteil. Zwischendurch noch ein nettes Interview mit einem Star dieser Szene. Das hilft dem Karten- und dem Zeitungsverkauf.

Unsägliche Dünnbrettbohrer gibt es in diesem Genre natürlich auch. Durch Playback und andere Verfahren kann dieses dünne Holz eine Zeit lang als Bohle angepriesen und durchaus gut verkauft werden. Angenehmes oder vertrauenerweckendes Äußeres haben etwas Einnehmendes – letztlich für alle Beteiligten. Charme und Charisma können stimmliche Defizite als sympathische Unfertigkeit erscheinen lassen. Diese Interpreten sind damit näher an den stimmlichen Möglichkeiten ihrer Zuhörer und animieren so mehr zum Mitsingen denn zum Zuhören.

Letztlich aber hätten Hans Albers und Heinz Rühmann bei Gesangswettbewerben auch keine vorderen Plätze belegt. Peter Alexander und Karel Gott wäre an der Oper vielleicht der Durchbruch gelungen, wohl auch Heino. Als Kammersänger hätten die drei örtlich begrenzt großes Ansehen, aber in jedem Fall weniger Gage bekommen. Ungerecht? Ja! Aber es ist so. Adamo, Rocco Granata und Louis Armstrong hätte man an keiner Musikhochschule immatrikuliert, sondern umgehend zum Hals-Nasen-Ohren-Arzt geschickt. Millionen hörten das anders.

Es gibt aber volkstümliche Vertreter, deren Erfolg völlig unerklärbar ist. Da fehlen mir die Worte … Eigentlich müssten hier mindestens hundert leere Seiten kommen, aber das könnte missverstanden werden. Also weiter.

Einmal im Jahr moderiere ich in der ARD die Sendung »Die Krone der Volksmusik«. Die Bandbreite der zu Ehrenden wird immer größer. Michael Kunze, der begnadete Musical-Librettist, war dabei. Melodien erfolgreicher Musicals geraten unversehens zu Volksliedern. »Riverdance« aus Irland hat die Auszeichnung bekommen. Irische Volksmusik und Volkstanz reinsten Wassers.

Ein Altbundespräsident bekam »Die Krone der Volksmusik« für die Interpretation eines einzigen Volksliedes. Er hat diese Gattung damit hochleben lassen. Hoch auf den gelben Wagen und darüber hinaus. Es ist ein schönes Bild, wenn ein Bürgerpräsident ein Volkslied trällert. Viel schöner als Kampflieder schmetternde Generalsekretäre.

Natürlich werden die Stars der Szene ausgezeichnet. Dieser Würdigung liegen Zahlen zugrunde: Medienpräsenz, erfolgreicher Verkauf der Tonträger, herausragende Platzierungen bei Wettbewerben.

Internationale Stars bekommen die Krone für ihre Lebensleistungen. Sänger, deren Lieder über die Jahrzehnte zu Volksliedern wurden: »Das Mädchen von Piräus« und »Der Spatz von Avignon« wurden auf diese Weise geehrt. Ebenso der japanische Erfinder des weltweit beliebten Karaoke. Es ist jedes Mal eine heitere dreistündige Veranstaltung, die am Bildschirm von sechs bis sieben Millionen Zuschauern verfolgt wird. Damit ist sie die erfolgreichste Preisverleihung im deutschen Fernsehen. Dennoch ist es nicht immer leicht, entsprechende Persönlichkeiten als Laudatoren zu gewinnen. Viele sind eben nicht schlau genug, um sich über dumme Vorurteile hinwegzusetzen. So schlau wie zum Beispiel Hans-Dietrich Genscher, Norbert Blüm, Jan Hofer und Maximilian Schell. Kein Geringerer als Willy Brandt hat einmal freimütig und in aller Öffentlichkeit bekannt, dass er ein großer Freund der Blasmusik sei. Andere wetterten gegen diese Musik. Es hat sie aber nicht attraktiver und wählbarer gemacht.

Meine musikalischen Vorlieben reichen von der Oper bis zum Musical, vom Jazz bis zur Kirchenmusik, vom Kunstlied über das Chanson bis zum Volkslied. Fast sieben Millionen Anhänger hat die Volksmusik. Das sind viele Leute. Ich wünschte, die geliebte Oper hätte so viele, oder das geliebte Kunstlied und der geliebte Jazz. Und doch, es gibt keinen Grund, über sieben Millionen Menschen wegen ihrer musikalischen Präferenzen den Stab zu brechen. Ein fröhliches oder melancholisches Volkslied zum Bier ist allemal besser als Schnaps ohne Musik.

Vor vielen Jahren war ich mit Freunden im Prager Schwarzbierrestaurant »U Fleků«. Dort ist nicht nur das Schwarzbier, sondern auch die Fettbemme eine Freude. Tschechische Gäste sangen vielstrophige tschechische Volkslieder. Alle Strophen und alle sangen. Irgendwann wurden wir gebeten, auch was zu singen. Wir sind bei einem mehrstrophigen deutschen Volkslied schon in der ersten Strophe hängen geblieben. Alle. Schade.

21

MORGNER SINGT NICHT MEHR

Der gewollte Zufall hat es vermocht, dass ich mit einigen Malern befreundet bin. Es sind die sympathischsten Egoisten, die ich je kennenlernen durfte. Ihr berufsbedingter Egoismus ist existenziell und gegen niemanden gerichtet.

Unter Beibehaltung erworbenen Wissens sind sie bemüht, ihre Naivität zurückzugewinnen. Es ist letztlich der schwierige Weg zu sich selbst, der die Einmaligkeit der Handschrift des Einzelnen ermöglicht. Sie legen dabei im Idealfall die Verbiegungen der Zivilisation ab und finden zu klaren Aussagen, Formen und Zeichen.

Wer am Ende dieses Weges nichts und niemanden vorfindet, sollte den Beruf wechseln. Nicht nur Maler, auch Sänger, Lehrer und Politiker. Das ist aber ein frommer Wunsch, denn diese Entdeckungsreise zu sich selbst findet unter Ausschluss der Öffentlichkeit statt und das Ergebnis wird gehütet wie ein Staatsgeheimnis. Manche führt das »Nosce te ipsum« zum Desaster. Das ist eins der Dramen, mit denen die Menschheit leben muss, egal welche Ordnung oder Unordnung gerade für Unordnung oder Ordnung sorgt.

Wer da Modeerscheinungen als Leitlinien auf dem Weg zu sich selbst erachtet, ist auf einem Irrweg und entfernt sich peu à peu von seiner Eigenart. Von seiner eigenen Art. Die Kunstgeschichte kennt viele Beispiele, wo kurzfristig der Leutseligere triumphierte, aber langfristig der mit der Eigenart blieb: Piccinni und Gluck, Salieri und Mozart, Paisiello und Rossini, Pepusch und Händel. Die vornehmlich Dekorativen sind vom Zeitgeist erfasst und werden vom sich wandelnden Zeitgeist fallen gelassen. Die Eigen-, Einzig- und Großartigen, die Türöffner ins Ungesehene und Ungehörte, bleiben aber nur, wenn sie als solche erkannt und anerkannt werden. Giacometti war schon gut, bevor Frau Guggenheim ihn als solchen erkannte. Dennoch musste es bemerkt werden.

Dem Maler, von dem ich nun berichte, geht's ähnlich, nur bin ich nicht Frau Guggenheim, in keiner Hinsicht. An dieser Stelle komme ich jetzt nicht umhin, die Attribute zu benutzen, die vom Feuilleton hinlänglich bekannt sind: Er ist freilich einmalig, kraftvoll und doch sensibel. Das Farbige liegt in der grafischen Aussage, aber in seinen Aquarellen bekennt er verschwenderisch Farbe – sich zu Farben. Seine Linien sind klar und seine Meinung ist bar jeder Beliebigkeit. Sein Eindruck hinterlässt auf dem Papier Erhabenheit und seine Erhabenheit hinterlässt beim Betrachter Eindrücke. Bleibende. Er bringt die Dinge auf den Punkt, ist aber gegebenenfalls auch ein Freund des Kommas, des Semikolons und anderer Interpunktionen. Seine Zeichen rufen und fragen. Wie jeder ernst zu nehmende Mensch verfügt er über einen beglückenden Humor. Dass er in Einsiedel bei Chemnitz lebt, sollte ihn nicht davor bewahren, weltberühmt zu werden.

Seine Einmaligkeit hat einen kleinen Kratzer: Er sieht aus wie Van Gogh, hat aber noch beide Ohren und keinen Freund auf Haiti. Dafür unter vielen anderen einen in Dresden. Ach so, fast vergessen, Michael Morgner heißt er und singt grauenvoll. Wenn ich so singen könnte, wie er malt, wäre ich berühmter. Im Tischtennis ist er mir weit überlegen, da ich nur unter denen der Beste bin, die es nicht können. Er kann's. Beim Skat und Boccia entscheidet die Tagesform, beim Reden auch.

Er ist besessen bei allem, was er tut. Ob er nun Butter-
bemmen in die Pfanne haut und anschließend mit kräftig
gewürztem Hackepeter belegt, beim Sport, beim Museums-
oder Konzertbesuch. Bei seiner Arbeit kann man eine Stunde
hinter ihm stehen, ohne dass er irgendetwas bemerkt – auch
bei der Gartenarbeit. Die Dummen finden ihn arrogant und
die Arroganten finden es dumm, dass sie so gar nichts von
ihm haben. Wenn er auf seinem Grundstück Wurzeln rodet,
geht er auch den tiefsten so auf den Grund, dass dort nichts
mehr wächst. Zumindest nicht das, was dort einst wuchs. So
wuchtete er einmal mit der Spitzhacke auf ein Erdwespennest.
Ohne es zu bemerken, holte er zum zweiten Hieb aus. Die
Wespen registrierten schon den ersten Rums und bliesen zum
generalstabsmäßigen Gegenangriff. Da er gekleidet war wie
der Knecht von Lady Chatterley, wurde jeder Angriff ein
Volltreffer. Zweiunddreißig an der Zahl. Fast ohnmächtig
schleppte er sich auf allen vieren zum Haus und rief seinen
Vater an, einen Arzt, der auf dem gemeinsamen Hanggrund-
stück unter ihm seine Praxis hatte. Er hauchte mit letzter Kraft
»Ich bin von Wespen überfallen worden« ins Telefon und fiel
in Ohnmacht. Der Vater verständigte sofort die Polizei, denn
er hatte verstanden: »Ich bin von Wessis überfallen worden.«
    Da er mindestens gleichzeitig mit der Polizei vor Ort sein
wollte, sah er den von zweiunddreißig Wespenstichen nieder-
gestreckten Sohn und konnte ihn fachmännisch in die mittel-
sächsische Wirklichkeit zurückholen.
    Wespen haben wenig Kunstverständnis und interessieren
sich nicht mal für Kupfer- oder Holzstiche, aber Wessis,
Ossis, Nordis und Südis sollten überfallartig sein Atelier auf-
suchen. Er würde sie zunächst nicht bemerken, aber noch
bevor sie ihn berühren, um deutlich zu machen, dass sie da
sind, wären sie von seiner Kunst berührt.
    PS: Es gibt so viele großartige Schauspieler, Sänger und
Schriftsteller, die völlig entbehrliche Bilder malen. Im stillen

Kämmerlein richten sie damit keinen Schaden an, können sogar große Freude empfinden, die sie in ihrem schönen Beruf abstrahlen dürfen. Nur zu! Verschonen Sie aber bitte die Öffentlichkeit um der Kunst willen, oder malen Sie doch unter Pseudonym, dann pegelt sich das spezielle künstlerische Schaffen ehrlicher ein. Wenn sich unter diesen Umständen das Guggenheim-Museum melden sollte, wäre ein/e Maler/in entdeckt, dessen/deren erster Beruf keine Rolle spielt. Morgner jedenfalls singt nicht mehr. Er pfeift bloß noch – grauenvoll.

22

KLASSENTREFFEN

Klassentreffen sind Zeitreisen, auf denen Verschüttetes im Nu zu Tage tritt und längst Vergangenes gegenwärtig wird. Auch wenn Jahrzehnte ins Land gegangen sind, funktioniert diese Erinnerung vor allem durch unveränderte Rollenspiele: Die Wortführer sind die gleichen, sowohl die, die etwas zu sagen haben, als auch die, die nur das Wort führen. Die weniger liebenswerten Schweiger und die liebenswerten Schweiger sind sich treu geblieben. Die grundlos Dauerfröhlichen haben sich ihre Fröhlichkeit erhalten. Beneidenswert. Die Miesepeter schauen trotz privaten Wohlergehens und beruflicher Erfolge weiterhin mürrisch in jede Gegend. Die man früher schon sympathisch fand, sind's immer noch. Es sind die Heiteren mit dem wohltuenden Abstand zu den Dingen, unabhängig von des Lebens Lauf.

Es gibt aber auch die, die es schon immer uns und der ganzen Menschheit zeigen wollten. Die sind beim Klassentreffen zum wiederholten Male nicht dabei, da sie nach wie vor am unerreichbaren Objekt arbeiten. Sie lassen ausrichten, dass sie nicht so viel Zeit hätten wie wir, die wir alle da sind.

Egal zu welcher Klientel der Einzelne gehört, es sitzen binnen kurzer Zeit die beieinander, die schon früher beieinander saßen, bis auf die, die fehlen.

1983, zwanzig Jahre nach Beendigung der Schul- und Lehrzeit, begann das Klassentreffen in Jena schon am Vormittag. Es war das erste Wiedersehen nach dieser langen Zeit. Ich hatte von 10 bis 13 Uhr noch Probe an der Dresdner Oper und stieß erst am Nachmittag dazu. Sie saßen in einem separaten Raum des Hotels »Schwarzer Bär« und man war gerade dabei zu erzählen, wie es den Einzelnen in den vergangenen zwanzig Jahren ergangen war. Dieses Plädoyer in eigener Sache ist der spannendste, interessanteste, vielsagendste und entwaffnendste Teil eines jeden Klassentreffens. Bei dieser »Selbstdarstellung« vor versammelter Mannschaft erfährt diese alles über den Einzelnen, auch das, was der gar nicht sagen wollte, und obwohl er es auch nicht gesagt hat, wird es trotzdem deutlich. Ich betrat den Raum und dachte: Warum haben die bloß so viele Lehrer eingeladen? Sie nahmen mein Erscheinen durchaus erfreut zur Kenntnis und der früher schon erbarmungslos Ehrlichste sagte: »Na, Donald, bist auch nicht jünger geworden.« Da wusste ich, sie hatten überhaupt keine Lehrer eingeladen, ich hatte nur fälschlicherweise ihre erinnerungsfrischen Jugendbilder im Kopf. Donald war mein Spitzname in Jena, vorher nannten sie mich Emma, später wieder. Im Jenaer Internat hatten wir alle Namen von Comic-Figuren. Schweinchen Schlau fehlte, Daniel Düsentrieb war da.

Schicksalsschläge, weniger ideale Partner, frühzeitiger Haarausfall und ebenso frühe Großvaterschaft hatten einigen doch so zugesetzt, dass die Vermutung mit den Lehrern nahelag. Derartige Gedanken habe ich mir natürlich in keinster Weise anmerken lassen und gesellte mich neugierig in die durchaus heitere Runde, vor der jeder seine »Geschichte« erzählen musste. Bald war ich dran.

Die ehemaligen Klassenkameraden waren Meister, Bauingenieure, Architekten, Lehrer oder entsprechende Funktionäre geworden. Meine »Fahnenflucht« vom Bau zur Oper habe

ich reuevoll bekannt und Absolution erhalten. Ihre Großzügigkeit machte mir Mut zur Formulierung: »Wenn man
sich so umsieht im Lande, was da gebaut wird und wurde
und nicht gebaut wird und wurde, muss man nicht unbedingt
behaupten wollen, mit dabei gewesen zu sein.« In die Heiterkeit des Moments passte diese Formulierung, lang anhal-
tende Fröhlichkeit war damit nicht zu erzielen. Und so erzählte ich Geschichten vom Theater und wir saßen wieder im
Kahn der fröhlichen Leute. Theaterpannen – mit ausreichend
Selbstironie – eignen sich mehr für dauerhafte Heiterkeit. Sie
sind auch flüchtiger als alte marode oder neue hässliche Bau-
werke. Berechtigten Stolz auf dennoch Bewerkstelligtes gab
es natürlich auch.

Ihr ursprüngliches Berufsethos war weitestgehend auf der
sozialistischen Strecke geblieben und ihre diesbezüglichen Geschichten vom Bau machten deutlich, dass die Umstände – unabhängig vom eigenen guten Wollen – dahin geführt hatten. Da
ich nicht der Beste unter den auszubildenden Bauschaffenden
gewesen war, hätte auch ich diesem Lauf nichts entgegen-
zusetzen gehabt, zumal selbst die Besten die trostlosen Verhältnisse beklagten und ihnen machtlos gegenüber standen.
»Sei froh, dass du Sänger geworden bist«, sagten sie, »da ist
dir 'ne Menge erspart geblieben.« Einer war ein hoher SED-
Funktionär geworden, der sagte nichts.

Unmittelbar nach der Wende ging ein Team der DDR-
Jugendsendung »Elf 99« nassforsch zum Bauleiter in einer
der völlig maroden Leipziger Vorstadtstraßen aus der Kaiserzeit. Das bisschen, was hier geschah, war weniger als der
berühmte Tropfen auf den heißen Stein. Der jugendliche
Moderator, der wenige Monate davor noch bei propagan-
distischen Aufmärschen »F-D-J, S-E-D« oder »S-E-D, F-D-J«
skandiert hatte, sagte unverbraucht frisch: »Wieso haben Sie
es denn so weit kommen lassen und sind nicht früher aktiv
geworden?!« Der nicht mehr so jugendliche und auch etwas

verbrauchter wirkende Bauleiter sagte mit der Souveränität reichlich schlechter Erfahrungen: »Sie sind doch auch das erste Mal hier und zeigen solche Bilder...« Dieser Bauleiter gehörte zur Generation meiner Klassenkameraden.

1983 gab es zwar im Fernsehen solche Interviews noch nicht, aber bei unserem Klassentreffen wurde diese Thematik keineswegs ausgespart.

Der Übernachtungsort für die Nicht-Jenenser war sehr erinnerungsfördernd. Ein altes Lehrlingswohnheim aus unserer Lehrzeit überbrückte die zwanzig Jahre, als wären sie nie vergangen. Einer hatte noch eine Flasche »Urahn« im Gepäck, die wir vorm späten Schlafengehen leerten. Sie spülte auf äußerst verhübschende Weise auch völlig zu Recht Vergessenes nach oben und verdrängte Erinnerungswürdiges. Während des Klassentreffens wurde schon mehrfach auf das Wohl edler Spender der unterschiedlichsten Spirituosen getrunken. Dazu kam das Jenaer Bier, damals unerträglich. Jedenfalls hatten wir uns mit dem späten »Urahn« deutlich übernommen und so übergaben wir uns zunächst höchstselbst und am nächsten Morgen die Schlüssel. Klassentreffen haben Risiken und Nebenwirkungen, da hilft kein Arzt oder Apotheker.

Fünfundvierzig Jahre nach Ende der Lehr- und Schulzeit trafen wir uns 2008 erneut im Hotel »Schwarzer Bär«. Diesmal kam ich pünktlich, musste aber nach zwei Stunden wieder weg, da ich am Abend in Coburg ein Konzert hatte. Mittlerweile sehen wir alle bedeutend älter aus als damals unsere Lehrer, und so war ein diesbezügliches Missverständnis ausgeschlossen. Die Wiedersehensfreude war groß und ich habe es sehr bedauert, dass ich so bald weg musste.

Wir sind alle gelassener geworden. Statt über ehrgeizige Pläne spricht man schon mal über Krankheiten. Einige haben nach der Wende noch mal durchgestartet und hatten Erfolg oder sind gescheitert. Auch die Gescheiterten hatten zwischendurch Erfolg und die Erfolgreichen sind auch mal gescheitert.

Die Erfolglosen suchten die Gründe vornehmlich in den Verhältnissen und die Erfolgreichen sahen den Grund eher bei sich. Auf der Zielgeraden, auf der wir uns alle befinden, spielt das alles aber nicht mehr die entscheidende Rolle. Wir schienen alle näher beieinander als vor fünfundzwanzig Jahren, auch in der Feststellung, dass für viele unserer Generation die Wende ein paar Jahre zu spät kam. Neue Telefonnummern wurden ausgetauscht und so erfuhr ich, dass es auch im weiteren Verlauf ein Tag mit ungetrübter Freude war. Obwohl der zum Erinnern und Vergessen hilfreiche »Urahn« fehlte.

Das nächste Klassentreffen findet nicht erst in zwanzig Jahren statt, es ist in drei Jahren geplant. Wenn Ende September die Sonne scheint, sollte man sich so oft wie möglich in den Garten setzen.

Ich werde mir den Tag auf jeden Fall freischaufeln, selbst auf die Gefahr, dass der Ehrlichste von allen wieder zu mir sagt: »Wie lange willst denn du eigentlich noch singen?«

Da es die klassenlose Gesellschaft zuallerletzt auf Schulen geben wird, gehörte jeder von uns schon einmal den verschiedensten Klassen an. Dort beschränkt sich der Klassenkampf auf Fußball, Volleyball, Tischtennis und andere Disziplinen, bei denen das Ergebnis in keinster Weise von der sozialen Herkunft beeinflusst wird. Ein »Hochwohlgeborener« schlägt eben nicht automatisch die besseren Pässe. Selbst der Sohn vom »Kaiser« Franz Beckenbauer war ein mittelmäßiger Fußballspieler in Saarbrücken.

Der Kampf um soziale Gerechtigkeit muss zwar immer wieder auf der Tagesordnung stehen, darf aber eigenen Antrieb, Aufwand und Initiative nicht ersetzen. Sozialneid bringt die Leute zwar auf die Straße, aber nicht voran.

Die erfreulichste Erinnerung, die ich an Klassenkampf habe, ist der 3:2-Volleyballsieg meiner 8a gegen die 8b. Die 8b sieht das vermutlich anders. Das nächste Grundschulklassentreffen machen wir wie immer zusammen. Die 8a und die 8b.

Falls die b das denkwürdige Ergebnis von damals vergessen haben sollte – wir werden sie daran erinnern. Vielleicht aber auch nicht, denn Sabine war in der b und die sieht immer noch verdammt gut aus...

23

TARPENBEKSTRASSE

Wenige Wochen nach meiner Geburt wurde mein Vater für »verschollen« erklärt. Die ersten Bilder von mir hatte meine Mutter noch an die Ostfront geschickt und mein Vater hat sie glücklich, gerührt und stolz in den Händen gehalten. Das weiß ich aus seiner Feldpost. Er hat mich nur als Bild in den Händen gehalten, ich habe ihn nie gesehen.

Über den Suchdienst des Nordwestdeutschen Rundfunks hatte meine Mutter Kontakt zu Herrn Lüstenöder in Hamburg, Tarpenbekstraße, bekommen. Herr Lüstenöder war der letzte Kriegskamerad, der meinen Vater lebendig sah. Es war Januar 1945 und der Rückzug war schon in vollem Gange. Ein Feuerüberfall, so schrieb er meiner Mutter in einem Brief, traf die beiden im Jeep auf einer Brücke in Ostpreußen. Sie sprangen aus dem Auto in den darunter liegenden Fluss und seither fehlt von meinem Vater jede Spur.

Meine Nachforschungen dauern bis zum heutigen Tag an, sind aber bisher erfolglos geblieben. Bei jeder Folge von History-Sendungen sitze ich vorm Fernseher und hoffe meinen Vater zu sehen. Wenn es heißt, dass bisher unveröffentlichte Aufnahmen dabei sind, sitze ich noch aufmerksamer davor. Wenn ich verhindert bin, zeichne ich die Sendungen auf und spule sie später vor und zurück. Es ist ein trauriger Vorgang, der mit den Jahren immer trauriger und aussichtsloser wird.

Mit allen zuständigen Stellen bin ich in Kontakt, aber es gab noch keinen Anhaltspunkt.

1953 bekam meine Mutter eine Einladung der Familie Lüstenöder aus Hamburg, Tarpenbekstraße 156. Mutter, schon von Krankheit gezeichnet, fuhr mit mir im Sommer '53 in die Hansestadt. Die Reise war mit einem letzten kleinen Hoffnungsschimmer verbunden, aber auch mit Angst vor furchtbarer Gewissheit. Für mich, der ich als Neunjähriger noch nicht aus Ostthüringen hinausgekommen war, war es darüber hinaus ein erster Blick in die große weite Welt.

Lüstenöders waren überaus freundliche Leute. Der Kriegs- kamerad meines Vaters ging mit mir zu »Hagenbeck«, »Planten un Bloom«, zeigte mir den Fischmarkt und die großen Schiffe im Hafen. Von da an wollte ich Kapitän werden.

Meiner Mutter erzählte er alles, was er in Briefen schon ge- schrieben hatte. Er war, wie mein Vater, aus dem Jeep in den Fluss gesprungen und, ohne mit ihm noch einmal Kontakt gehabt zu haben, flussabwärts bis zu den deutschen Stellun- gen getrieben worden. Lüstenöder hatte gehofft, so erzählte er, bei dieser Einheit meinen Vater wiederzutreffen, aber diese vage Hoffnung erfüllte sich nicht. Meine Mutter hing an seinen Lippen, als könne sein Erleben und Überleben auch für sie noch zu einem guten Ende führen.

Herr Lüstenöder kam gegen Kriegsende in russische Ge- fangenschaft und von da 1950 wieder nach Hause, nach Hamburg.

In all den Jahren nach 1945 hat meine Mutter unzählige Aktivitäten unternommen, um auch nur ein kleines Zeichen von ihrem oder zumindest über ihren vermissten Mann, meinen Vater, zu bekommen. 1953 war es dann endlich so weit. Wir saßen bei Lüstenöders in der kleinen Wohnung am oberen Ende der Tarpenbekstraße und der Kriegskamerad meines Vaters konnte gar nicht genug vom Leben an der Front, von meinem Vater und ihrem letzten gemeinsamen

Augenblick erzählen. Vom Sterben an der Front wurde nicht gesprochen.

Er zeichnete auf einem Blatt Papier einen Lageplan von der Brücke, dem Fluss, den vermuteten Stellungen der Partisanen und der Roten Armee. Es wurde anhand der selbst gemalten Karte deutlich, aus welcher Richtung der Angriff auf ihren Jeep kam, er zeigte die deutsche Stellung, von der sie kamen, und die Einheit, zu der es ihn auf dem kalten Fluss trieb.

Alle Eventualitäten wurden durchgespielt. Von der bitteren Möglichkeit, dass mein Vater dabei zu Tode gekommen sein könnte, war keine Rede. Eine dahingehende traurige Vermutung meinerseits, die ich vorsichtig äußerte, wurde mit einem langen Wimpernschlag kommentarlos übergangen. Noch ein Blick und ich wusste, dass Neunjährige bei solchen Themen schweigen sollten. Für Menschen voller Hoffnung ist die Annahme der möglichen Katastrophe illusionsraubend und demzufolge tabu. Es waren ja auch noch so viele deutsche Kriegsgefangene in der Sowjetunion. Warum sollte mein Vater nicht dabei sein? Im Hoffen und Bangen verbunden, saßen wir am Tisch mit dem Lageplan in der Mitte und Herr Lüstenöder sprach von den Bemühungen der Bundesregierung, die verbliebenen deutschen Soldaten aus der Gefangenschaft nach Hause zu holen. Von meinem Vater sprach er freundschaftlich und voller Sympathie. Meine Mutter weinte – und ich wollte ihn sehen.

Als Adenauer 1955 die letzten Kriegsgefangenen heimholte, ging ein Gefühl der Freude und Dankbarkeit durchs Land, für viele war es aber auch das Ende allen Hoffens. Es war die letzte Chance auf Wiederkehr oder wenigstens Hinweise auf den Verbleib der Männer, Väter und Brüder. Meine Mutter, obwohl schon gehbehindert, fuhr zu Zügen mit den Ankommenden, hielt auf einem Schild den Namen meines Vaters und seiner Kompanie hoch und fragte laut und verzweifelt, ob sie von Walther Emmerlich irgendetwas wüssten. Sie schickte auch Bekannte zu anderen Zügen, um etwas zu erfahren, aber Herr Lüstenöder aus der Hamburger Tarpenbekstraße blieb der Letzte, der meinen Vater gesehen hatte.

Ich gebe nicht auf, den Ort zu finden, um trauern zu können um einen Mann, den ich nicht kenne und der mein Vater war.

Wenn ich in Hamburg zu tun habe und vom Flughafen in die Innenstadt fahre, führt der Weg über die Tarpenbekstraße. Bei Lüstenöders am oberen Ende bin ich noch nie gedankenlos vorbeigefahren.

24

SPIELVERDERBER

Es war schon ein denkwürdiges Europapokalspiel, Dresden gegen München, die SG Dynamo gegen den FC Bayern im Oktober 1973. Mein erstes Anfängerjahr hatte ich endlich hinter mir, die Rollen wurden allmählich größer und die Kontakte zu Schauspielern führten zu interessanten Konstellationen der künstlerischen Zusammenarbeit. Peter Herden, der Grandseigneur des Dresdner Staatsschauspiels, die vielseitigen Schauspielerinnen Marita Böhme, Dorit Gäbler und andere waren sehr intensiv auch außerhalb des Theaters unterwegs. Da ich mit Chansons, kabarettistischen Anspielungen, aber auch Musical-Melodien und heiterer Klassik ein konvertibles Repertoir hatte, führten uns unsere Wege bald zusammen und übers Land. Diese Muggen (musikalische Gelegenheitsgeschäfte) brachten Abwechslung in den musikalischen Alltag, heitere Stunden während und zwischen den Auftritten und nicht zuletzt einen Zuwachs an Taschengeld. Mit Peter Herden bin ich darüber hinaus bis zum heutigen Tage freundschaftlich verbunden. Diese Freundschaft wird unter anderem genährt durch die Liebe zum Theater, zum Fußball und zum Skat. Er ist mittlerweile einundneunzig Jahre alt und im Skat immer noch ein gefürchteter Gegner. Er sieht die Karten nicht mehr gut, was eine Niederlage gegen ihn noch schmählicher macht.

Was immer die »Alte Schule« war, Peter verkörpert sie auf die charmanteste Art und Weise. Selbst weniger stubenreine Witze könnten in seiner Interpretation auch bei Hofe erzählt werden. Er steckt voller Anekdoten und auch altersbedingte Wiederholungen sind bei ihm unterhaltsamer als anderer Leute Uraufführungen. Er ist neugierig und daher informiert, und er will wissen – und dann reden. Ein Schauspieler, der auch den Text des Lebens gelernt hat. Sein Stellenwert im Ensemble hätte ihn zum Intendanten befähigt, seine fußballerischen Kenntnisse wären für den Posten des Präsidenten von Dynamo Dresden ausreichend, in den vergangenen Jahren wäre er dafür allerdings überqualifiziert gewesen.

Es waren die Anfangsjahre der großen Zeit von Dynamo Dresden, als die eingangs erwähnten legendären Spiele stattfanden. Nachdem das Spiel in München am 24. Oktober 1973 nach Halbzeitstand 2:3 für Dresden am Ende Bayern München mit Glück und 4:3 gewann, war das Rückspiel mit Spannung und großer Zuversicht in Dresden erwartet worden. Ein linientreuer Sängerkollege war schon bei den wenigen Dresdner »Schlachtenbummlern« in München mit dabei. Er hatte vom Fußball keine Ahnung. Die politischen Linienrichter belohnten aber seine Linientreue. Sicher wäre er lieber in die Bayerische Staatsoper gegangen oder in die Alpen gefahren, aber er gehörte nun einmal der Reisegruppe »Fußball« an.

Peter Herden wäre gerne mitgefahren, von mir ganz zu schweigen. Uns blieb aber wenigstens das verheißungsvolle Rückspiel in Dresden. Peter war mit dem damaligen Erfolgstrainer von Dynamo, Walter Fritzsch, befreundet, der ebenfalls sehr zuversichtlich dem Rückspiel entgegensah. Er erzählte eine Randgeschichte des Hinspiels – eine Geschichte vom Spielfeldrand:

Der Ball war im Seitenaus. Zwei gegnerische Spieler rannten nach ihm, denn jeder glaubte, den Einwurf zu bekommen, da sagte der Münchner Spieler zum Dynamo-Kicker: »S'is a Wahnsinn, wie du hier rumrennst für dei biss'l Hammer und Sichel ...!« Walter Fritzsch erfuhr davon und hat es nicht an die große Glocke gehängt. Das »Neue Deutschland« hätte sicherlich eine politische Provokation des Klassenfeindes daraus gemacht, und der Weltfrieden wäre wieder mal in Gefahr geraten.

Am Mittwoch, den 7. November 1973, fand das Rückspiel statt, am Jahrestag der Oktoberrevolution, 17.30 Uhr. Es war sehr schwer, an Karten heranzukommen. Theoretisch zwar bedeutend leichter als beim Hinspiel in München, aber praktisch auch kompliziert. Die Nachfrage war riesig. Hier erwies sich mein Kontakt zu Peter Herden und dessen Kontakt zu Walter Fritzsch als äußerst hilfreich. Mit der Karte in der Hand fieberte ich dem Jahrestag der Oktoberrevolution entgegen. Der Schuss vom Panzerkreuzer Aurora spielte an diesem Tag keine Rolle, die Schüsse von Häfner, Sachse, Dörner und Schade waren an diesem 7. November gefragter. Bei drei Auswärtstoren hätte ein 1:0, ein 2:1 oder ein 3:2 fürs Weiterkommen gereicht.

Fußball ist Fußball und Politik ist Politik. Egal was sie für eine Propagandasuppe auf ihrer roten Flamme bei einem Sieg der Dynamos gekocht hätten, wir hielten den Unsrigen, den Sachsen, die Daumen. Da die politisch Verantwortlichen im Sport stets politisch und weniger sportlich dachten, vermuteten sie bei vermeintlich politisch Andersdenkenden ähnliche Denkmuster. Bei mir hatte das zur Folge, dass die Stasi vermutete, ich würde den Dynamos die Gefolgschaft verweigern und als Fan des sogenannten Klassenfeindes agieren – sprich, die Bayern anfeuern. Da es diese unbegründeten Befürchtungen gab, lautete der diesbezügliche Tagesbefehl der Stasi: »Der Emmerlich ist an das Haus (die Dresdner Staatsoper) zu binden.« Das hieß, ich hatte am 7. November 1973 von 17.30 Uhr bis 19.30 Uhr Probe im

Opernhaus und konnte somit das Spiel im Dynamostadion vergessen. Szenische Proben gab es zu dieser Zeit nicht, also wurden zwei Korrepetitionsstunden für mich angesetzt, die ein Pianist, der auch auf der Klaviatur der Stasi spielte, kompromisslos durchführte. Damals dachte ich verärgert: So ein Shit! Erst durch die Einsicht in meine Stasi-Akte kenne ich die näheren Umstände.

Dynamo führte 3:2 und vielleicht hätte ich meinen Bass in die »Mitte des Raumes« geschlagen und unsere Dresdner so zum möglichen 4:2 getrieben. Es endete aber durch ein Tor vom Bomber-Müller 3:3. Ich hätte vielleicht das Unentschieden verhindert. Das nun wieder hat die Stasi verhindert.

25

KAROLINES GESCHICHTE

Bei uns zu Hause kamen die Kinder immer zu Wort. Wenn ich da war. Wenn ich nicht da war, erst recht, denn meine Frau hat das Temperament einer italienischen Mamma. Selbst wenn sie ununterbrochen redet, hat sie ein offenes Ohr. Vor allem für Kinder. Ob sie pädagogisch immer richtig lag, sei dahingestellt, gegen mangelnde Akzeptanz und Freiräume gab's nichts zu revoltieren.

Meine allzu häufige beruflich bedingte Abwesenheit habe ich durch telefonische Anwesenheit versucht zu kompensieren. Sicher gelang das nur bedingt, aber die diesbezüglichen Selbst- und anderen Vorwürfe halten sich in Grenzen. Der Tiefpunkt in diesem Bereich war sicherlich, als ich mit dem Koffer im Hausflur stand und mein Sohn Johannes fragte: »Kommst du oder gehst du?« Mein Beruf lässt sich leider nicht in Heimarbeit ausüben. Die Kinder zu lieben und immer für sie da zu sein, geht aber auch ohne ständige Anwesenheit.

Unsere Tochter Karoline sah mit dreizehn schon ziemlich volljährig aus und spielte nur noch selten mit Puppen. 1988, sie war gerade mal vierzehn, fuhr sie als Komparsin mit dem Dresdner Staatsschauspiel zum Gastspiel nach Hamburg. Der glückliche Zufall wollte es, dass ich zur gleichen Zeit mit dem Ensemble der Semperoper ein Gastspiel an der Hamburger Staatsoper hatte. Selbstverständlich verabredeten wir uns dort, um gemeinsam die faszinierende Hansestadt zu erleben. Ich erzählte ihr von meinem ersten Hamburg-Besuch bei Lüstenöders 1953, vom Gastspiel der Hamburger Staatsoper in Dresden, von meinen kindlichen Kapitänsträumen und vom Surrealismus, denn wir waren gemeinsam in einer großen Max-Ernst-Ausstellung in der Kunsthalle, die nicht nur beeindruckend war, sondern auch Diskussionsstoff bot. Ansonsten liefen wir unbeschwert durch Hamburg, als sei es das Normalste der Welt. Wir haben diese völlig unnormale »Normalität« genossen. Unterwegs trafen wir Kollegen, sowohl der Oper als auch des Schauspiels.

Zurück in Dresden, erfuhr meine Frau hinter vorgehaltener Hand, dass ich in Hamburg mit einer sehr jungen, gut aussehenden Dame schlendernd gesehen wurde. »Nur dass Sie es wissen, Frau Emmerlich ...« Frau Emmerlich wusste.

Ein Jahr zuvor, Anfang 1987, war ich mit meiner Frau zu Fernsehaufnahmen in Berlin. Meine Schwiegermutter hütete das Haus und kümmerte sich um die Kinder. Johannes war fünf Jahre alt und schlief bei der Oma. Karoline war im neugierigen Alter und traf sich gern mit Freundinnen. An die folgende Geschichte erinnert sich unsere Tochter Karoline zweiundzwanzig Jahre danach.

Jugendweihe
von Karoline Emmerlich

An einem kalten Februarabend begann meine politische Pubertät. Ich war dreizehn Jahre alt, neugierig, süß und es war DDR. Im nächsten Jahr würde ich mit den meisten meiner Klassenkameraden sozialistische Jugendweihe feiern oder mich für die evangelische Konfirmation entscheiden. Bisher hatte ich mich jedenfalls noch nicht entschieden. Überhaupt war damals einiges noch unklar, »unausgegoren« – und un-

erlaubt – zumindest, was meine Freizeitgestaltung anbetraf. Altersentsprechend eben.

Daher machte ich mich am späten Nachmittag im Februar 1987 gemeinsam mit zwei Freundinnen auf den Weg nach Dresden-Bühlau, wo eine Fete (so wurden damals Partys genannt) in einem Abrisshaus stattfinden sollte. Solch alte Häuser gab es damals bekanntlich viele, sogar in Bühlau. Also gingen wir nicht zu spät von zu Hause los, um keine wertvolle Feten-Zeit mit Suchen zu vergeuden. Etwas mulmig war uns schon zumute, denn wir hatten – wie es für Teenager typisch ist – unsere Erziehungsberechtigten angelogen, uns »nur noch mal kurz« zur jeweils anderen Freundin verabschiedet und würden »nicht so spät zurückkommen«. Dass wir dabei »keinen Unsinn treiben« und »auf uns aufpassen« würden, war selbstverständlich versprochen! (Entschuldige, Oma!)

Es war ungefähr 18 Uhr, als wir zu dritt die Quorenerstraße hinaufliefen. Wir hielten nach herumlungernden Jugendlichen oder anderen Anzeichen für eine Fete Ausschau. Zur Erinnerung: Wir wussten zu dem Zeitpunkt noch nicht einmal, wo wir genau hin wollten – im doppelten Sinne. Plötzlich machten wir drei Polizisten auf der gegenüberliegenden Straßenseite aus, noch gut 50 Meter von uns entfernt. Im Begriff, etwas Verbotenes, das heißt etwas vor den Eltern Verheimlichtes, zu tun, hatten wir die spontane Eingebung, einfach unbeteiligt geradeaus starrend weiter die Straße hinaufzulaufen. Wir wollten keinen Verdacht erregen. Flüsternd hatten wir uns schnell auf ein vermeintliches Ziel am Ende der Straße verständigt. Dazu muss an dieser Stelle noch ergänzt werden, dass meine Freundinnen noch jünger als ich, also zwölf Jahre alt, waren und es uns dreien folglich generell gar nicht erlaubt war, uns ohne Erwachsene um diese Zeit im öffentlichen Raum aufzuhalten. Wir hofften also, mindestens vierzehnjährig und möglichst unschuldig zu wirken, um an dem

vormals ersehnten Ort, wie wir inzwischen an dem Menschen-
auflauf im Vorgarten des kaputten Hauses erkannten, einfach
vorüberzulaufen.

Leider schien uns dies nicht zu gelingen. Ich erinnere mich
noch an die erbarmungslosen Worte im Befehlston, die zu uns
herüberdonnerten. Der Schreck stieß uns seine Faust in die
jugendlichen Mägen. Unsere Blicke, in denen Unverständnis
gegenüber der Aufforderung zu lesen sein sollte, wurden
ignoriert und die Anweisung der Staatsmacht in die kalte
Februarluft wiederholt. Im Stakkato. Was heute unvorstell-
bar erscheint: Wir leisteten Folge! Zu bekannt war uns der
Tonfall, den wir von Erziehern, Lehrern, Trainingsleitern und
anderen staatlich legitimierten außerfamiliären Bestimmern
her kannten. Zu ungeübt waren wir im Widerstand.

Brav bei den Polizisten »angetreten«, wurden wir auch
schon mit der knappen Erklärung, wir würden ja wohl auch
zu dieser »illegalen Zusammenrottung« gehören, voran-
getrieben. Sie schubsten uns durch den schlammigen Vorgarten und das marode Treppenhaus in einen Raum im Obergeschoss des baufälligen Hauses. In dem vielleicht 20 Quadrat-
meter großen Raum befanden sich bereits etwa dreißig junge
Menschen unter den strengen Blicken einiger Polizisten. Strom
gab es offensichtlich nicht, jemand hatte ein paar wenige
Kerzen angezündet. Falls der alte Ofen in der Mitte des Zimmers heute schon angeheizt gewesen sein sollte, war dies
gewiss eine gute Weile her. Der Fußboden war nass, schmierig,
es war kalt und beinahe dunkel. Die Jugendlichen standen eng
beieinander, rauchten und sprachen in gedämpfter Lautstärke
miteinander. Es war, als bemühten sich alle, durch nichts
herauszustechen. Ich versuchte unsicher, unter den Herum-
stehenden eine bekannte Person zu entdecken. Nach ein paar
beklemmenden Momenten, in denen ich unwillkürlich nach
der Hand meiner Freundin griff, drängte sich einer meiner
besten Freunde zu uns durch. Die Tür hinter uns war bereits

wieder von außen abgeschlossen worden. Kumpel »Bummi«
berichtete mit einer nicht zu verbergenden Sensationslust, was
bisher geschehen und von den Polizisten angekündigt worden
war. Endlich war mal was los ... (Bummi, du ewiger Spieler!)

Bereits seit zwei Stunden seien die »Bullen« da und
würden jeden »einkassieren«, der ihrer Meinung nach zu der
»Versammlung« dazugehöre. Allen sei der Personalausweis
abgenommen worden. Es gab Drohungen, das »Ganze habe
ein Nachspiel«, man solle sich ruhig verhalten, sonst »setzt's
was«. Gepinkelt werden durfte nur einzeln, im Hof und unter
Aufsicht eines »fetten Bullen« und überhaupt sei das alles
»wie im Gefangenenlager«. Getränke seien aber wenigstens
da und nicht konfisziert worden. Es wurde auf ein Fahrzeug
gewartet, das uns wahrscheinlich zur »Schießgasse« (das zen-
trale Dresdner Polizeirevier mit Untersuchungsgefängnis) be-
fördern sollte. Dies bedeutete zu DDR-Zeiten ein schwer zu
bewältigendes logistisches Problem. Es konnte also noch ei-
nige Stunden dauern, bis sich an unserer Lage etwas änderte.

Und so gab ich mich erst mal typisch jugendlich ganz
und gar »cool« (damals hieß das noch »easy«) und begab
mich auf die Suche nach etwas »Trinkbarem«. Meine beiden
Freundinnen nahmen unsere Lage von Anfang an nicht so
easy wie ich. Und als ich und einige andere vom Fenster aus
mit ansehen mussten, wie ein älterer Jugendlicher hart von
zwei der Polizisten zusammengeschlagen wurde, verging
auch mir die Leichtigkeit. Der Schreck im Magen machte nun
langsam einem Gefühl der Angst Platz.

So beratschlagten wir, wie wir hier wieder rauskommen
könnten. Ich sollte ein »kumpliges« Gespräch mit einem der
Staatsmächtigen anfangen und um unsere Freilassung bitten.
Offenbar erschien ich am mutigsten und irgendwie auch
gelassen genug dafür. Unser größtes Problem war gewesen,
dass wir die von uns geforderten Personalausweise nicht
abgeben konnten, schlicht weil wir als unter Vierzehnjährige

noch keine solchen zur Verfügung hatten. (Als ich ein knappes Jahr später meinen frischen »Persi« in den Händen hielt, entlockte mir das aufgrund der hier beschriebenen Erlebnisse nicht mehr als ein ironisches Lächeln.) Nun war es aber so, dass wir alle drei deutlich älter als vierzehn Jahre wirkten, woran wir am Nachmittag vor dem häuslichen Badspiegel auch wacker gearbeitet hatten. Dies brachte uns nun schicksalhaft den Hohn und die Androhung von Disziplinarmaßnahmen ein. Die Polizisten unterstellten uns nämlich Vorsatz und die Unterschlagung des volkseigenen Dokuments! Eine Feststellung unserer Identität sei nicht möglich und daher der Abtransport zur Wache selbstverständlich ... Ich suchte also wie verabredet beim Wasserlassen das Gespräch mit der »Pinkelwache«, was nicht ganz einfach war, da ich von einem Polizisten im Haus zunächst mit den Worten »Zieh's hoch und spuck's aus!« abgewiesen wurde. Ich blieb vehement und gelangte so doch in den Garten.

Dort versuchte ich es zunächst erfolglos mit kindlichem Betteln. Danach mit Argumenten: Der Zufall wollte es, dass am gleichen Tag ein Artikel über meinen damals schon recht prominenten Vater im »Sächsischen Tageblatt« erschienen war. Bei geneigter Betrachtung des darin abgedruckten Familienfotos hätte man mich durchaus erkennen können. Ich spekulierte also auf jene Beobachtungsgabe des Wachmanns und schlug ihm tapfer mit dem Tonfall des Ich-kann-auch-anders vor, die Tagespresse zur Klärung meiner Identität zu Rate zu ziehen. Das Foto zeigte eindeutig mich, einträchtig mit Papa, Mama und Brüderchen. (Schon damals begeisterten mich solche Fotos ungemein!) Dies könnte, so spekulierte ich, zur Folge haben, dass man mir glaubte, dass ich ich sei, und uns ziehen lassen würde. Während ich diesen Vorschlag in das dümmliche Gesicht der Staatsmacht sprach, wurde mir bereits die Hoffnungslosigkeit dieses Unterfangens bewusst. Denn ich sah: Keine Chance! Nahezu die einzige Regung im

Gesicht des beleibten Mannes, der mich als dreizehnjähriges Gör eben beim »Toilettengang« bewacht hatte, war Überheblichkeit. Vielleicht eine Spur von Zweifel.

Nach weiterer Wartezeit in dem engen, dunklen Raum im Obergeschoss des dem Abriss geweihten Hauses hörten wir etwas die Straße hinaufrumpeln. Der Staatsmacht war es zum Abtransport des Arbeiter-und-Bauern-Nachwuchses den Einsatz eines »W 50« (eines in Ludwigsfelde bei Berlin hergestellten Lastkraftwagens) wert gewesen. Als Ziel des Transports wurde wie vermutet das örtliche Polizeirevier angegeben. Wir wurden auf zwei sich gegenüberliegenden Sitzbänken auf der Ladefläche zusammengequetscht. War vorher noch der eine oder andere unter uns gewesen, der das Ganze spannend oder gar witzig gefunden hatte, sah man nun nur noch beklommene Gesichter. Auch ich hatte jetzt Angst. Da erschien der feiste Pinkelwächter von vorhin an der Ladeluke und raunzte mir zu, ich solle »auf direktem Wege nach Hause gehen, aber dalli!«. Genau in diesem Moment begann ich, im politischen Sinne erwachsen zu werden. Ich blieb sitzen und forderte (von mir selbst überrascht), dass man diese Freiheit auch meinen beiden Freundinnen und Kumpel Bummi gewähren solle. Ich hätte zu viel Angst, um zu dieser Zeit allein auf der Straße unterwegs zu sein. Das war eine Lüge. Die wahre Angst ließ ich auf der Ladefläche des »W 50«.

Meine Forderung wurde erstaunlich ernst genommen und man entließ mich und meine drei Freunde in die Nacht. Wir beeilten uns, diesen real existierenden Ort zu verlassen. Aber dalli! Nur führte uns unser Weg nicht direkt nach Hause. Schweigend rannten wir durch die kalte Nachtluft. Wie verabredet, trafen wir erstaunlich schnell in unserem damaligen Treffpunkt, der »Getränkebar« im Parkhotel auf dem Weißen Hirsch, ein. Erst dort begannen wir, uns über das eben Erlebte auszutauschen. Langsam kehrte auch die jugendliche Lässigkeit zurück, wahrscheinlich auch ein bisschen verursacht durch den »Sambalita-Likör«, den uns Bummi ausgegeben hatte. So wurde der Schreck weggespült, der uns noch im Bauch saß. Dort, wo die Wut und die Abgrenzung wuchsen.

Auf Beschwerde meines Vaters an entsprechender behördlicher Stelle schickte man einige Wochen später irgend so ein hohes Tier bei uns zu Hause vorbei. Der in seiner Uniform schwitzende freundliche Mann stand in unserem Wohnzimmer und entschuldigte sich pflichtbewusst bei meinen Eltern und bei mir für den Übergriff. Mein Vater hatte ihm keinen Platz angeboten. Ich genehmigte mir im Stillen, diese stellvertretende Entschuldigung nicht anzunehmen.

Nachtrag: Dem jungen Mann, den die Polizisten an jenem Abend offensichtlich zum Zwecke der Belehrung vor unseren Augen verprügelt hatten, war im Übrigen ein kleiner Zettel in der Umschlagtasche seines Personalausweises zum Verhängnis geworden. Darauf stand mit roter Tinte Rosa Luxemburgs Ausspruch: »Freiheit ist immer die Freiheit der Andersdenkenden« geschrieben. Wir hatten unsere Lektion gelernt. Es war eine Jugendweihe der besonders lebensnahen Art. Wir wurden erwachsen.

26

AUF DER MS EUROPA

Selbstverständlich wollte ich als Kind Kapitän werden, was sonst? Doch es kam anders. Als im Frühjahr 1990 der Konzertmanager der Reederei Hapag-Lloyd auf mich zukam und mir und meinen Musikern Konzertreisen auf der MS Europa anbot, erschloss sich mir die äußerst angenehme Möglichkeit, eine mir bis dahin verschlossene Welt vom Wasser aus kennenzulernen. Es war ein gewaltiger Schritt von der sächsischen Badewanne auf die MS Europa. Vor 1989 hätte man sonst was dafür gegeben, um die Welt auf einem Öltanker, einem Containerschiff oder sogar auf einem »Seelenverkäufer« zu bereisen. Und jetzt mit einem Luxusdampfer, einem der schönsten der Welt. Ein Traum, oder wie sagte man damals: »Wahnsinn.«

Die erste Reise ging von Hamburg nach Edinburgh, von dort nach Norwegen, von Oslo über Bergen bis zum Geirangerfjord. Im schottischen Edinburgh fand gerade ein Welttreffen der besten Dudelsackformationen des Commonwealth statt. Vielfarbige Gruppen auf einer großen grünen Wiese unterhalb der Burg. Der Klang, die Choreografie – trotz Uniformen ungewohnt heiter – und die Kulisse unwirklich schön. Die Schotten und Angelsachsen waren begeistert, die Sachsen waren aus dem Häuschen. Es schien, als träfe sich hier die ganze Welt – und wir mittendrin. Dass im

Hafen auch noch eines der schönsten Schiffe der Welt auf uns wartete, war für einen Ostler aus dem Osten von Ostthüringen 1990 kaum zu fassen. Whisky hieß nicht Falkner, war echt und auch nicht vergriffen. Man bekam ihn an jeder Ecke zu fassen, wir griffen zu. Das Westgeld war zwar im Osten noch nicht eingeführt, aber der Hapag-Lloyd waren wir es schon wert.

Wir wollten uns noch die Stadt ansehen, und mit unserem postsozialistischen Behelfsenglisch fragten wir gegen sechs Uhr nachmittags in einem der Whisky-Läden, wie lange sie offen hätten. Der freundliche Verkäufer sagte: »Since 1829, Sir.«

Es war alles anders als in der HO, vor allem der Whisky, den wir nach dem Stadtbummel gegen halb neun kauften. Eine Flasche kaufte ich, um sie mit nach Dresden zu nehmen. Eine weitere für den baldigen Verzehr. Da meine Musiker und ich auch einige Whiskygläser kauften, konnte die Verkostung gleich vor Ort beginnen. Es war ein schöner Tag und er wurde von Glas zu Glas schöner, auch der sonst übliche Dauerregen hat unseren Whisky nicht verdünnt. Wir saßen im Park auf einer Bank, hörten einzelne versprengte Dudelsackspieler, sahen auf die beleuchtete Burg und auf unsere gut gefüllten Gläser und freuten uns des Lebens. Einige Pipers, deren Tagwerk getan war, lustwandelten im königlichen Park und machten allerdings deutlich, dass Männerbeine als Blickfang ungeeignet sind. So viel Whisky kann Mann gar nicht trinken, um die schön zu finden.

Mit ansonsten schönen Eindrücken, Taxi, ziemlich leeren Flaschen, Gläsern und Schwips ging's am späten Abend wieder an Bord. Das Schiff sollte laut Reiseroute am nächsten Morgen nach Oslo fahren. Ich legte mich in meiner Kabine aufs Bett und dachte vor dem schnellen Einschlafen: »Warum fahren wir denn schon?« MS Europa lag fest vertäut im Hafen, nur ich hatte meine Anker schon gelichtet und fuhr im Schlaf davon.

Nach gefühlten fünf Minuten – es war mindestens eine Stunde vergangen – klingelte irgendetwas. Ich versuchte den Wecker auszumachen, es war aber das Telefon. Am anderen Ende die Cruise-Direktorin. Sie sagte, ich solle bitte so schnell wie möglich und in Abendgarderobe in die Kapitänssuite kommen. Kapitän Bech habe wichtigen Besuch. Ein vielreisendes Ehepaar, das sich sehr über meine Anwesenheit freuen würde, und es wäre auch dem Kapitän recht, wenn ich bald käme.

Eben noch im Traum auf der Überfahrt von Schottland nach Norwegen, hatte ich die Orientierung verloren und die Erkenntnis gewonnen, dass ich mich kalt duschen müsse. Gedacht, getan, danach Rückruf bei der Cruise-Direktorin, ob ich jetzt tatsächlich zum Kapitän kommen solle. Von dort kam verwunderte Bestätigung meiner Worte und es wurde zur Eile gebeten. Jetzt erst begriff ich die Situation. Also rein in den Smoking, zwei Fisherman's Friends zerkaut, raus aus der Kabine und hin zur vornehmen Kapitänssuite. Dort saßen in äußerst nüchterner und locker verkrampfter Atmosphäre der Bilderbuchkapitän Uwe Bech, dazu ein wichtiger Herr und seine noch wichtigere Frau, bei exotischen Häppchen, Champagner und ebensolchen Gesprächen. Bech war ein Kapitän, wie ich einer hätte werden wollen, wenn ich einer geworden wäre: Souverän, gütig, gemütlich, witzig, kenntnisreich, und er vermittelte jedem der über fünfhundert Passagiere den Eindruck, als hätte er all seine Freundlichkeit allein für ihn aufgespart. Ein Seebär auch von den Ausmaßen her.

Das hochwohllöbliche Ehepaar war im grenznahen Kassel zu Hause und wollte den exotischen Ostdeutschen einmal aus der Nähe betrachten. Ich schließe nicht aus, dass sie mich wirklich kennenlernen wollten. Darüber hinaus verliefen die Konzerte an Bord durchaus erfolgreich, auch deshalb war ich wohl ein willkommener Gesprächspartner. Die Kasselaner lobten allerhand normale Dinge an mir, die man so von einem

Ostdeutschen nicht erwartet hätte. Hätte ich nicht so viel guten schottischen Whisky in mir gehabt, ich wäre beleidigt gewesen. Es wurde mir auch übel – es kann aber auch am Whisky gelegen haben. Wir scherzten wiedervereint herum und überspielten mit Champagner unsere Unterschiedlichkeiten. Bech gab sein Bestes – das war nicht wenig –, aber es reichte nicht, um völlige Harmonie zu erzielen. Wir waren am Beginn der Suche nach einer gemeinsamen Sprache, deren Ende noch nicht abzusehen ist. Es bleibt bis heute eine Baustelle, auf der wir alle noch viel zu arbeiten haben. Champagner und Whisky war 1990 schon sehr hilfreich, um die Situation zu entkrampfen, aber auf die Dauer ist das keine Lösung. So trunken wie die Einheit hat uns davor und danach nichts mehr gemacht.

Der Steward kam und brachte Shrimps-Spießchen mit roter Soße, der Schampus wurde nachgefüllt und Bech fragte, ob jemand ein Gläschen Whisky wolle, immerhin seien wir in Schottland. Keiner wollte, ich schon gar nicht. Die Shrimps vom Spieß zu bekommen war auch so schon schwierig genug. Ich klemmte die Gabel am Ende des Spießes an die Shrimps und versuchte so, diese kontrolliert auf den Teller zu schieben. Die rote Soße lag auf dem Ganzen wie Senf auf einer Thüringer Bratwurst. Ich vermutete mehr Widerstand vom Spieß und das wurde mir zum Verhängnis. Die Shrimps verließen fluchtartig die geordnete Reihe und flogen befreit samt roter Soße durch den Raum. Mir gegenüber saß der Kapitän mit seiner schönsten schneeweißen Ausgehuniform, die unversehens mit Shrimps und roter Soße weniger repräsentativ aussah.

Der Kapitän sah mich an wie ein Dirigent, der einen falschen Ton gehört hatte, und auch sonst hatte alle bemühte Heiterkeit den Raum verlassen. Ich wollte lachen, entschied mich aber im letzten Moment für schuldbeladene Betroffenheit und hilfreiche Schadensbegrenzung. Mit Servietten und Handtuch konnte ich das Malheur nur oberflächlich beheben. Eine Frage nach eventuell vorhandenen Orden, die er an der bekleckerten Stelle anbringen könne, entlockte ihm nur ein müdes Lächeln. Der Kapitän verschwand und erschien wenig später mit dunkler Uniform und wiedergefundener Contenance. In der Zwischenzeit hatte sich der Kasselaner mit roter Soße modische Spritzer auf seinen gelben Schlips gespritzt, so dass der Abend doch noch einen heiteren Verlauf nahm. Jetzt lachten wieder alle, wir redeten über allerlei Missgeschicke und verließen weit nach Mitternacht fröhlich die Kapitänssuite. Pleiten, Pech und Pannen schweißen zusammen.

Den sympathischen, längst pensionierten Kapitän der schönen, alten MS Europa sehe ich gelegentlich in Hamburg. Neulich, nach einer Vorstellung, gingen wir anschließend essen und er sagte, als der Hauptgang mit einer rötlichen Soße serviert wurde: »Vorsicht!« – die schöne weiße Ausgehuniform hat er aber längst abgelegt.

Am nächsten Tag ging es nach Norwegen. Der Fischmarkt von Bergen hat mir deutlich gemacht, dass in den Weltmeeren nicht nur Makrelen leben. Auch sah ich, dass Fische nicht nur in Büchsen vorkommen. Viele hätten auch gar nicht reingepasst. Ein Vegetarier würde angesichts des Fischmarktes von Bergen seine Ernährung umstellen.

In der malerischen Umgebung von Bergen war Norwegens Nationalkomponist Edvard Grieg zu Hause. Sein Wohnhaus am Ufer des Nordåsvannet ist ein Wallfahrtsort nicht nur für musikinteressierte Norweger. In jüngerer Zeit entstand ein Konzertsaal, in dem Touristen flüchtige Bekanntschaft mit Griegs Musik machen, aber auch wirkliche Konzerte stattfinden. In der Pause eines solchen Konzertes sah ich mir das schöne Anwesen an. Im Garten, in dem sich seit 1928 das Grieg-Museum befindet, steht eine Skulptur, die mir recht klein erschien. Zur Museumsleiterin sagte ich deshalb, dass dieses Kunstwerk nicht sehr konsequent sei. »Warum hat man ihn nicht in Normalgröße abgebildet?«, fragte ich. Darauf antwortete sie pikiert: »Er war nicht größer.« Ich weiß nicht, ob es in Norwegen Fettnäpfchen gibt, jedenfalls war ich in eines getreten.

*

Eine der nächsten Reisen führte uns in die Karibik. Von Sevilla aus zunächst nach Martinique. Nach vier See-Tagen kamen wir auf dieser Karibikinsel an. See-Tage sind nicht der Höhepunkt auf einer Schiffsreise, deswegen fuhren wir, die Musiker, meine Anne und ich, gleich mit dem Taxi in die Hauptstadt Fort-de-France. Man hat so seine Vorstellungen von karibischen Inseln: Palmen und schöne – von der vollendeten Zivilisation verschonte – Menschen, heiße Rhythmen, kalte Getränke, das Ganze in Restaurants unter freiem Himmel. Es war noch weit vor Mitternacht, aber die Insel machte einen evakuierten Eindruck. Eine einzige Taverne hatte noch geöffnet. Auch die entsprach nicht unseren karibischen Vorstellungen: Weiß gekachelt der ganze Raum, Plastestühle und -tische standen lieblos verstreut herum und ansonsten war alles schmuck- und freudlos. Wir waren sehr enttäuscht und auch der Kellner schien bedient. Warm war es natürlich, aber alles andere schien kalt, und das Heineken-Bier war eiskalt. Andere Getränke gab es nicht. Wir tranken jeder ein Bier aus der Büchse und fuhren wieder zum Hafen. Auf dem Schiff ging es inzwischen karibisch zu. Alle Klischees wurden geboten. Es war wie in der Südsee vor der Meuterei auf der Bounty. Die Insulaner, die gerade keinen Dienst auf der MS Europa hatten, waren wahrscheinlich schon schlafen gegangen. Die Hapag-Lloyd wusste um unsere Sehnsüchte.
Am nächsten Tag zeigte sich auch die Insel in erwarteter Vollendung. Herrliche Strände in romantischen Buchten, viele fröhliche, gut aussehende Menschen, Palmen und üp-

pige Märkte sowieso. Nach Sonnenbad und -brand ging ich mit meiner Frau und den jungen Musikern meiner Band am Strand entlang in Richtung Fähre, die uns zum Hafen bringen sollte. Viele junge Martinikaner gaben meiner Frau und mir, angesichts der acht Anfang zwanzigjährigen Musiker, frenetischen Beifall und riefen laut: »Mama und Papa!« Sie dachten anscheinend, dass wir die Eltern der acht Musiker seien. Wir verbeugten uns und nahmen das unverdiente Lob fröhlich entgegen.

Ich bin sehr froh und dankbar, dass ich so bald und noch auf diese besonders luxuriöse Weise meine Nase in den Wind der großen, weiten Welt stecken durfte. Diese Reisen waren und sind nicht direkt billig, und kein Ostdeutscher hätte sie sich damals als zahlender Gast leisten können. Unser Beruf machte es möglich, als Dienstleister auf dem Luxusdampfer mitzufahren. Ein schon in den fünfziger Jahren abgehauener Leipziger Gärtner war auch mit an Bord und fiel optisch durch knallrote Jacken und akustisch durch Leipziger Dialekt reinsten Wassers auf. Er fiel auch auf durch große Herzlichkeit und Freigiebigkeit, vornehmlich seinen ehemaligen sächsischen Landsleuten gegenüber. Der Leipziger Gärtner war in der Nähe von Frankfurt am Main zu einem sehr erfolgreichen und wohl auch wohlhabenden Azaleenzüchter geworden. Von ihm hörten wir den Satz: »Das Leben ist zu kurz, um billigen Schnaps zu trinken.« Und so lud er die Landsleute aus Sachsen zu fünfundzwanzig Jahre altem Hennessy und ebenso alten schottischen und irischen Whisky ein. Wir waren dankbar und spielten, was er hören wollte, und er zahlte, was wir noch nicht zahlen konnten.

Ein sächsisch sprechender, rotjackiger Reisender, der obendrein freigiebig war, passte nicht ins Bild der frühen neunziger Jahre, und schon gar nicht auf MS Europa. Wie auch? Bei uns wusste man, dass wir aus Dresden kamen, und wir wurden als ostdeutsche Exoten freundlich aufgenommen, menschlich und erst recht künstlerisch. Aber der Gärtner, der übrigens Glaser heißt, weckte den Argwohn eines Teils der gut situierten Reisegesellschaft westdeutscher Prägung und einer verkniff es sich nicht, Karli Glaser zu fragen: »Wie kommt es, dass Sie sich in so kurzer Zeit schon diese Reise leisten können und auch noch solch teure Runden schmeißen?« Der pfiffige Ur-Sachse mit hessischer Erfolgsgeschichte sagte im schönsten Heimatdialekt: »Bassen Se mal uff, mir wern immer mehr.« Das sind Situationen, die verbinden. Zu ihm und seiner belgischen Frau Luci haben wir noch heute freundschaftlichen Kontakt und beileibe nicht nur, weil die Azalee die Lieblingsblume meiner Frau ist.

*

Anfang der neunziger Jahre war mein Russisch noch weitaus besser als mein Englisch. Vor dem Landgang auf Antigua sagte uns die Reisebegleiterin, dass wir aus gesundheitlichen Gründen kein Leitungswasser an Land trinken sollten, auch Eiswürfel in den Getränken sollten wir meiden. An der Bar hinter dem idyllischen Strand gaben wir unsere Bestellung auf und der Barkeeper reichte mir ein Glas Eiswürfel. Ich glaubte, »ohne Eis« bestellt zu haben, als ich in englischer Umnachtung gesagt hatte: »Ice only.« Vielleicht lag es am DEFA-Film »For eyes only«. Wie auch immer, es war falsch.

Vom Strand kommend gingen wir durch das Zentrum von Saint John's und setzten uns auf eine Bank in der Mitte einer sehr belebten Geschäftsstraße. Die Bevölkerung der Karibikinsel besteht nahezu ausnahmslos aus Farbigen und wir beobachteten sie mit ihrem wiegenden und federnden Gang und erfreuten uns an ihrer körperlichen Leichtigkeit des Seins. Plötzlich kam einer aus einem Juwelierladen und meine Frau sagte: »Den kenne ich.« Ich hielt es für eine mehr oder weniger witzige Bemerkung, sah mir dennoch den

»Bekannten« meiner Frau an und stellte fest: Es war Roberto Blanco. Er war am gleichen Tag auf Antigua gelandet und stieß am Abend zur Künstlergilde auf der MS Europa.

Als ich Roberto das nächste Mal in Deutschland traf, sagte er, während er auf mich zukam, lachend zu seiner Begleitung: »Das Bleichgesicht kenne ich.«

*

Ein Albtraum ist, wenn die Koffer eine andere Route nehmen als der Kofferbesitzer. Ich flog über Rom und Amman nach Aqaba. Schon in Rom erreichte ich den Anschlussflieger gerade so und bangte um den Verbleib meiner Koffer. In Amman waren die Flughafenbehörden nicht ganz sicher, ob sie mitgekommen waren, in Aqaba gab es Gewissheit, dass die Koffer vorläufig verschwunden waren, und ich fuhr mit der Taxe und ohne Gepäck vom Flughafen zu einem Hotel in der Nähe des Hafens, in dem am nächsten Morgen die MS Europa aus Bombay kommend eintreffen sollte.

Jeans, Jeansweste, Hemd und Sandalen waren meine textile Habe, die ich am Körper trug. Araber haben andere Konfektionsgrößen als Ostthüringer und auch die Boutique auf der MS Europa führte ausschließlich Normalgrößen – und ich bin offenbar unnormal. Ein passendes weißes »Nachthemd« war der einzige arabische Kompromiss, aber keine evangelische Lösung. Ein ähnlich »unnormaler« Kollege war Gott sei Dank mit an Bord und stand mir hilfreich zur Seite, Bill Ramsey. Er lieh mir kollegial Auftritts- und Freizeitkleidung, die allerdings oben zu eng und unten zu kurz war. Die Passagiere wussten von meinem Missgeschick und so sang ich »bassende« Lieder in unpassender Garderobe, die sich über die Zeit als Running Gag erwies. Die Unterwäsche bekam ich vom freundlichen mitreisenden Unternehmer Werner Schöder, dessen Großzügigkeit ich nicht nur zu schätzen wusste, sondern auch öffentlich machte, indem ich ihm wortreich vor versammelter Mannschaft und den Passagieren für die Unterstützung mit seiner Unterwäsche dankte. Er nahm stehend seinen verdienten Applaus entgegen und ich setzte in zu kurzen Hosen das Konzert fort. Auch Bill bekam so an auftrittsfreien Abenden seinen Sonderapplaus. Die Koffer kamen übrigens nie auf der MS Europa an. Drei Wochen nach Ende der Reise konnte ich sie in Empfang nehmen – am Flughafen in Dresden. Sie hatten eine Route über Athen gewählt, das ich erst zwei Jahre später kennenlernen durfte.

27

ENGEL FLIEGEN ANDERS

Der Lehrer hieß S. und neigte zu Jähzorn und körperlicher Gewalt. Ich ging in die fünfte Klasse und boxte mich auch durch. 1955 war ich mehr von der Straße als vom elternlosen Zuhause erzogen. Ich machte mir einen Gerechtigkeitssinn zu eigen, der mich bisweilen anecken ließ. Manchmal habe ich aber auch der Gerechtigkeit unter die Arme gegriffen. In dieser Zeit und in solchen Entwicklungsphasen war es schwer, das rechte Maß zu finden. S. hätte es schon gefunden haben müssen, aber wer weiß, wie seine Erziehung verlaufen war. Auch Lehrer können unerzogen sein, wo sich doch schon ein ganzes Land fehlentwickelt hatte.

Mein Klassenkamerad B. wuchs wie ich ohne Vater auf, auch seiner war im Krieg geblieben. Es wird heute von Alleinerziehenden so gesprochen, als hätte es das früher nicht gegeben. Doch das Gegenteil ist der Fall. Die meisten Mütter waren während des Krieges alleinerziehend, viele blieben es.

B.s Mutter war heillos überfordert. Das bekam B. nicht. Ihm wurden keine Grenzen aufgezeigt, auf der anderen Seite regierte aber spießiges Kleinbürgertum und wahre Vorbilder fehlten. Er wurde zunehmend aufmüpfig und auch seine schulischen Leistungen waren weniger als ausreichend. Meine Entwicklung nahm zwischenzeitlich einen ähnlich ungünstigen Verlauf. Wir gehörten zu den damals zahlreichen Jungs, bei denen die Leute gern den bekloppten Satz sagten: »Dem fehlt der Vater.« Andere sagten: »Dem fehlt hin und wieder eine Tracht Prügel.« Die körperliche Züchtigung sollte in der Schule gerade abgeschafft werden, privat blieb sie ein vermeintliches Allheilmittel.

Der ebenfalls schlecht erzogene Lehrer S. konnte mit den schlecht erzogenen Schülern nichts anfangen. Eine Eskalation war abzusehen. B. war im Grunde seines Herzens ein guter Kerl, nur hatten die Umstände und die pädagogische Hilf- und Ahnungslosigkeit der Zeit eine dicke Hornhaut auf seiner Seele wachsen lassen. Schon sein verwundeter Blick (den werde ich nie vergessen) hätte einen Erwachsenen gütig stimmen müssen, aber S. war das nicht gegeben.

Schon B.s Handschrift gefiel dem Lehrer nicht. Die Hausaufgaben hatte er gemacht, aber S. sagte: »Aus dir wird nie was!« B. erwiderte: »Das entscheiden Sie nicht!« S. packte ihn am Kragen, zog ihn aus der Bank und schlug ihm rechts und links ins Gesicht. Als er zum nächsten Schlag ausholen wollte, ging ich dazwischen und boxte S. an die Brust. Jetzt schlug der Lehrer auch mich und seine körperliche Überlegenheit – ich war zehn Jahre alt – brachte mich in die Defensive. Er schlug auf uns beide ein, packte meinen Kopf mit beiden Händen und stieß ihn mit Wucht gegen die Wand, so dass ich am Hinterkopf blutete. Ich griff nach der Wunde, da sah er das Blut an meiner Hand und hörte auf zu schlagen. Nun schrie er uns hysterisch an und rannte aus der Klasse, um die Schulleitung zu alarmieren. Dort gab er den Hergang falsch wieder und verlangte Konsequenzen gegen die Rowdys, die ihn angegriffen hätten. Das Schicksal nahm seinen Lauf. B. bekam einen Verweis und ich flog von der Schule.

An der Schule, in die ich flog, hatte ich den Eindruck, dass mich die Lehrer als Drohung und Geheimwaffe gegenüber aufmüpfigen Schülern ins Feld führten. Die Drohung reichte aus, ich kam nicht zum Einsatz. In der Gerüchteküche der

Provinz gab es reichlich Zutaten, um einen Teufelsbraten aus mir zu machen.

Als Schlichter habe ich mich seither nur noch verbal zur Verfügung gestellt. Vielleicht bin ich deshalb auch Moderator geworden – gegen Schlagfertigkeit ist nichts einzuwenden.

Aus der Schule bin ich geflogen, vom Baum, auf schöne Frauen und neulich auch noch durch einen Bus.

Während einer Tournee mit dem Dresden-Swing-Quartett bereitete ich mich auf ein anschließendes Chorkonzert mit Orchester vor. Die »Singschule« aus Lortzings »Zar und Zimmermann« stand bei diesem Konzert auf dem Programm und die hatte ich schon lange nicht mehr gesungen. Ich nahm mir das berühmte »Heil sei dem Tag, an welchem du bei uns erschienen, dideldum, dideldum, dideldum …« zur Brust. In unserem Kleinbus sitze oder liege ich immer auf der hinteren durchgehenden Bank. Wenn ich dort sitze, erstreckt sich direkt vor mir der lange freie Gang, der an der Rückseite des Beifahrersitzes endet.

Wir fuhren auf dem gut besuchten Berliner Ring und ich saß dort hinten auf der vordersten Kante der Sitzbank und übte vor mich hin. »Dideldum, dideldum, dideldum.« Die anderen komponierten oder arrangierten am Computer und Uli, der Schlagzeuger, mumpelte vor sich hin. Der Manager saß am Steuer, als vor ihm einer plötzlich links ausscherte, so dass er bremsen musste, was die Bremsen hergaben. Ich repetierte gerade die Stelle »Jetzt fang ich mein Solo an …«, da schoss ich mit meinen 110 Kilo – der Künstler hatte sich sträflicher- und idiotischerweise nicht angeschnallt – durch den Bus. Mit dem Kopf voran knallte ich ans dicke Blech unten an der Rückseite des Beifahrersitzes. Und da war es auch schon vorbei, mein Solo. Ich war nicht lange unterwegs beim Flug im Sprinter, aber der Aufprall hatte es in sich.

Nachdem ich wieder zu mir gekommen war, vernahm ich ein kollektives »Ach du Scheiße« und sah Musikantengesichter in

Moll, die obendrein auch noch längst einkalkulierte Einkünfte in Gefahr sahen. Hilfloses Bemühen um den Frontmann, der wie ein Koloss den Gang versperrte und damit auch noch die Rettungsarbeiten behinderte. Sie beklagten selbstverständlich nicht nur den drohenden Verdienstausfall, sondern sorgten sich auch um meine Gesundheit. Wie sie mir später sagten, fürchtete das Quartett gar um mein Leben, und sie überlegten, welche Musik an meinem Grabe zu spielen sei. Während ich mir an die lädierte Nase und die Platzwunde am Kopf griff, stöhnte ich: »Ich hab aber nicht angefangen, Herr S.« Langsam kam ich aus der fünften Klasse wieder zu mir. Ich sah auf das zerbeulte dicke Blech unten an der Rückseite des Beifahrersitzes und fragte: »Wer war das?« Uli sprach mit vollem Mund: »Du, du mit deinem Kopf.«

Ich sah aus wie ein Boxer nach dramatischen zwölf Runden, die er nicht überlegen hatte gestalten können, freute mich aber des wiedergewonnenen Bewusstseins und hörte, wie einer der Musiker sagte: »Ich dachte, da kommen die Koffer geflogen.« Die Koffer waren hinten und festgeschnallt, ich nicht.

Der Manager sagte: »Fass dir mal an die Nase.« Er wollte wissen, ob ich sie noch treffsicher fände und ob sie gebrochen sei. Nachdem dies zufriedenstellend beschieden war, rief er den Abendveranstalter an und bat darum, eine Maskenbildnerin zum Theater zu schicken. Dann fragte er mich: »Kannst du heute Abend überhaupt singen?« »Ja«, antwortete ich und fügte hinzu: »Dideldum, dideldum, dideldum.«

Das örtliche Klinikum wurde freilich auch benachrichtigt. Der Oberarzt ließ sich von mir den Hergang schildern, besah sich den Schaden, röntgte den Kopf und stellte fest: »Sie haben einen Schädel wie ein gepanzerter Mercedes.« Trotzdem empfahl er, das abendliche Konzert abzusagen. Das war sicher seine Pflicht, aber ich empfand auch eine Pflicht – nämlich aufzutreten. Die Musiker pflichteten mir bei, denn sie dachten an das Publikum im ausverkauften Haus und ein wenig wohl auch an die Gage. Und auch ich fand diese Überlegungen nicht direkt abwegig.

In der Garderobe wartete schon die eilig herbeigerufene Maskenbildnerin, die mich so schminkte, dass ich mir selbst wieder ähnlich sah. Bei anderen Gelegenheiten, zum Beispiel als Falstaff, wurde mir schon oft die Nase rot gefärbt, diesmal war es umgekehrt. Auch Blutergüsse und schwarze Augenringe mussten übertüncht werden.

Das Konzert war ein Ritt über den Bodensee. Am anderen Ufer angekommen, gab es aber reichlich Applaus, also muss das meiste geklappt haben. Die Musiker klopften mir anerkennend auf die Schulter, da merkte ich, dass offenbar noch mehr lädiert war.

Erst beim nächtlichen Duschen im Hotelzimmer fiel die Anspannung von mir ab und ich sah, dass ich Wunden am ganzen Körper hatte, die ich nun nicht nur optisch, sondern auch schmerzlich bemerkte.

Beim unruhigen Flug durch den Bus war ich schon vor der Landung hie und da angeeckt und hängengeblieben. Wie gut – sonst hätte das dicke Blech unten an der Rückseite des Beifahrersitzes noch größeren Schaden genommen.

28

ZUGABE

Zugaben beschränken sich nicht auf die Künstlergilde, sie sind berufsübergreifend. Bei Künstlern werden sie allerdings bereitwillig und kostenlos hintendran gehängt, in anderen Berufen sind sie kostenpflichtig. Die Fleisch- und Wurstwarenverkäuferin etwa sagt gern: »Dürfen's 50 Gramm mehr sein?«

Zum Uhrmacher brachte ich meine Armbanduhr, weil das Glas einen Riss hatte. Eine äußerst dringlich angemahnte Generalüberholung kostete reichlich 180 Euro. Der Auto- schlosser hat über die vereinbarte Scheinwerfereinstellung hinaus noch den Marder-Schaden repariert. Macht 300 Euro zusätzlich.

Man bedankt sich artig und gibt auch dem Zahnarzt das zusätzliche Honorar für den gezogenen Zahn, der die Schmerzen – wegen denen er aufgesucht wurde – gar nicht verursacht hatte. Darauf konnte sich schon Wilhelm Busch einen Reim machen und ein Bild malen.

Natürlich sind das alles Extraleistungen, für die es gesetzlich verordnete Vereinbarungen und Vergütungen gibt; Zugaben – im Sinne von über die ursprüngliche Verabredung hinausgehende Leistungen – sind's allemal.

Überdies ist der *Gaben*tisch reich gedeckt:
Aufgaben
Abgaben
Draufgaben
Hingaben
Angaben
Beigaben
milde Gaben
reiche Gaben
und Gottesgaben.

Wenn die Begabungen ausreichen, bleiben Zugaben nicht aus und werden nur noch von lautstarken ZU-GA-BE-Forderungen übertroffen, die hingebungsvoll zu geben dem Künstler eine Lust ist. Selbst ein heiß ersehntes Rendezvous verschöbe er bedenkenlos um die Länge der hoffentlich zahlreichen Draufgaben.

Ich gebe zu, auch ich kann Zugaben gut leiden. Und zwar nicht nur bei anderen Sängern. Sie sind die Abschlusszensur des Publikums für den Konzertabend. Diese Zensur verhält sich reziprok:

1 Zugabe = Zensur 3
2 Zugaben = Zensur 2
3 Zugaben = Zensur 1

Mehr als drei Zugaben plus Standing Ovations ist die höchste Publikumsauszeichnung. Da kann die Kritik später schreiben, was immer sie will, sie hat nach diesem Erfolg keinerlei Bedeutung. Höchste Verehrung bedeutet, wenn sich das Publikum schon beim Erscheinen des Künstlers erhebt, gewissermaßen dadurch ein Zeichen gibt, dass das ganze Konzert nur noch eine Zugabe ist. Außergewöhnliche Lebensleistungen werden so zum Beispiel gewürdigt.

Zur Feier des hundertsten Geburtstages von Johannes Heesters standen im Studio zweitausend Zuschauer beim Beginn der Veranstaltung und spendeten nicht enden wollenden Beifall. Den Applaus hat der Jubilar wohl gehört, aber die stehende Verehrung hat er nicht gesehen. Sein Augenlicht war schon sehr beeinträchtigt. Die Moderatorin Désirée Nosbusch sagte leise, aber unüberhörbar zu ihm: »Jopi, sie stehen alle …« Darauf Johannes Heesters: »Vielleicht wollen sie auch gehen …?!« Seine heitere Selbstironie ließ einen guten Verlauf der Jubelfeier vermuten und so war es dann auch. Beim überwältigenden Schlussapplaus nach zweieinhalb Stunden sagte er, lange vor dessen Ende, zu der um ihn herum stehenden Runde, zu der auch ich gehörte: »So, jetzt könnten sie wirklich gehen.« Ein Hundertjähriger hat auch das Recht auf eine zeitliche Begrenzung von Zeichen übergroßer Zuneigung.

Am Ende der Premiere »Die lustigen Weiber von Windsor« am Theater in Stralsund rief ein Zuschauer lautstark und immer wieder ZU-GA-BE! Wir haben dennoch die Oper an diesem Abend nicht noch mal gespielt.

Die bekannte Geschichte vom langjährig unterdurchschnittlich singenden Tenor eines Stadttheaters, dem wieder mal alle hohen Töne der berühmten Arie weggebrochen waren, ist sicherlich erfunden. Sie beschreibt aber auf hämisch-köstliche Weise, dass auch Zugaben ihre Schattenseiten haben können. Das Publikum zwingt den Tenor durch frenetischen Applaus, diese Arie immer und immer wieder zu singen. Es klingt von Mal zu Mal grausiger und ein ahnungsloser Besucher der Stadt und ihres Theaters fragt den stürmischsten aller Klatscher neben ihm, warum es jedes Mal so einen Orkan am Ende der Arie gebe?! So schön habe er doch nun wahrlich nicht gesungen. Es muss wohl in Sachsen gewesen sein, denn der einheimische ZU-GA-BE-Fordernde sagte: »Der war noch nie so richtsch gudd, aber heute mach' mer'n fertsch.«

DAS ERSTE BUCH DES BELIEBTEN
SÄNGERS UND ENTERTAINERS!

2007 hat Gunther Emmerlich seine Leiden-
schaft fürs Schreiben entdeckt und sein erstes
Buch vorgelegt. Seine Erinnerungen an Kindheit und Jugend, an Familie, Freunde, Kollegen und an seine – in der DDR manchmal
schwierige – Karriere sind ein Stück Zeit-
geschichte und eine kritische Auseinander-
setzung mit Ost und West.

Ich wollte mich mal ausreden lassen
Autobiographie
208 Seiten, mit einem separaten Bildteil,
Hardcover mit Schutzumschlag
ISBN 978-3-89602-753-5 | Preis 17,90 Euro

Gunther Emmerlich
ZUGABE
Anekdoten, Ansichten und anderes

ISBN 978-3-89602-949-2
© bei Schwarzkopf & Schwarzkopf Verlag GmbH, 2010
Lektorat: Nadine Landeck | Umschlagfoto: Jörg Lange

BILDNACHWEIS
S. III: oben rechts: Erwin Döring | S. V: oben links: Peter Bischoff;
unten: Nobelpress | S. VI: hgm-press | S. VII: oben: Juliane Njan-
kouo; unten: hgm-press | S. IX: unten: Peter Bischoff | S. X: oben:
Schneider-Press | S. XI: Günter Kambach | S. XII: Matthias Creu-
ziger | S. XIII: oben: Thomas Schindel; unten: Gunter Grebler | S.
XIV: oben: Detlef Ulbricht; unten: Schneider-Press | S. XV: Schnei-
der-Press | S. XVI: Michael Morgner | Alle anderen Fotos: privat.

KATALOG
Wir senden Ihnen gern kostenlos unseren Katalog
Schwarzkopf & Schwarzkopf Verlag GmbH / Abt. Service
Kastanienallee 32 | 10435 Berlin
Telefon: 030 – 44 33 63 00 | Fax: 030 – 44 33 63 044

INTERNET | E-MAIL
www.schwarzkopf-schwarzkopf.de
info@schwarzkopf-schwarzkopf.de